这样说话受欢迎

人见人爱的说话方式

日本Discover 21出版社编辑部 著
张永 译

中国致公出版社

图书在版编目（CIP）数据

这样说话受欢迎：人见人爱的说话方式 / 日本 Discover21 出版社编辑部著；张永译 . -- 北京 : 中国致公出版社，2023

ISBN 978-7-5145-1998-3

Ⅰ . ①这… Ⅱ . ①日…②张… Ⅲ . ①语言艺术—通俗读物 Ⅳ . ① H019-49

中国版本图书馆 CIP 数据核字（2022）第 094217 号

なぜか好かれる人の話し方 なぜか嫌われる人の話し方 新装版
NAZEKA SUKARERUHITO NO HANASHIKATA
NAZEKA KIRAWARERUHITO NO HANASHIKATA SHINSOUBAN

Original Japanese edition published by Discover 21, Inc., Tokyo, Japan
Simplified Chinese edition published by arrangement with Discover 21, Inc. through Chengdu Teenyo Culture Communication Co.,Ltd.
著作权合同登记图字：01-2022-6274 号

这样说话受欢迎：人见人爱的说话方式 /
日本 Discover 21 出版社编辑部 著 张永 译
ZHEYANG SHUOHUA SHOU HUANYING: RENJIANRENAI DE SHUOHUA FANGSHI

出 版	中国致公出版社 （北京市朝阳区八里庄西里 100 号住邦 2000 大厦 1 号楼西区 21 层）
发 行	中国致公出版社（010-66121708）
责任编辑	贺长虹 郑紫烟
责任校对	魏志军
特约编辑	曹 月
封面设计	末末美书
责任印制	冯蓓蓓
印 刷	三河市兴达印务有限公司
版 次	2023 年 3 月第 1 版
印 次	2023 年 3 月第 1 次印刷
开 本	880mm × 1230mm 1/32
印 张	5
字 数	99 千字
书 号	ISBN 978-7-5145-1998-3
定 价	49.80 元

2007年日本Discover 21出版社再版了《不经意的一句话　招来误解》。本书是对该书进行重新编辑之后的新版本。

前言

当我们和别人交谈时，有时会因为某句话而突然心生不快或悲伤失落。这些往往都源于对方“不经意的一句话”或某种语气。我们往往会尽量忽略这些，当作没听到或没注意到，让交谈继续进行。

然而，因某句话产生的不愉快的情绪并不会就此消失，小小地报复对方的想法悄悄在我们心中萌生。于是，在之后的某个时间，我们和他人之间或许真的会爆发明显的言语冲突。这些言语冲突如果爆发在夫妻或父子（母子）之间，就是难以修复彼此关系的争吵；如果爆发在朋友之间，就是对友情的伤害；如果爆发在同事之间，就是对工作的严重阻碍。

这些我们所面临的人际关系问题，虽然看似错综复杂、难以解决。但仔细探究它最初的起因，其实都是上面提到的交谈中的“不经意的一句话”。

在现实生活中，有些人给人的印象非常好，人们自然而然地聚到这些人身边。还有一些人，他们虽然努力为别人着想，却不受周围人的欢迎。他们本身没有任何恶意，但别人与他们相处时总是觉得不愉快。之所以会出现上述两种截然相反的人，与日常交谈中的“不经意的一句话”息息相关。

本书的主要内容是举例并研究这些“不经意的一句话”。说话人往往无意间说了容易引起误解的话，令人感到不愉快。所以惹人讨厌的说话方式也是容易被人误解的说话方式。因此，无须掌握特别的说话技巧，您只要按照本书中的例子改善说话方式，就可以掌握“受人欢迎的说话方式”。

另一方面，在阅读本书的过程中，您会发现，其实“不经意的一句话”的背后，必然包含着某些“意图”，往往说话人自己都注意不到这些“意图”；而且很多情况下，别人并非误解某句话，而是误解话语背后的“意图”。所以，为了着重分析这些“意图”，本书会详细地解释每句话背后所隐藏的信息、人们说出每句话的真实动机，以及每句话实际传达给别人的信息等。这是本书与其他同类型图书最大的区别。当您明白本书所做的解释之后，您也就能体谅别人的感受，从而充分掌握“受人欢迎的说话方式”。

因此，本书可以当作您日常交谈的参考书，明确哪些话语不能说，或者提醒别人不要用某种方式说话。更重要的是：通过本书，您能明白“不经意的一句话”背后隐藏的意图，以及人们说话时的真实愿望。这些都有助于您和别人相互理解。如果能够帮助您与别人更好地相互理解，将是本书的无上荣幸。

下面介绍一下本书的来历：日本著名咨询师伊藤守主办了“人际交流实验室”，专门研究人与人之间的交流。在“人际交流实验室”所做的实践、研究的基础上，日本 Discover 21 出版社在 1996 年出版了图书《不经意的一句话　招来误解》。然后日本 Discover 21 出版社运用该社丰富的编订教材的经验，于 2007 年对《不经意的一句话　招来误解》进行了修订、再版。到了 2020 年，日本 Discover 21 出版社又对《不经意的一句话　招来误解》进行了重新编辑，让它更易于阅读，于是便诞生了本书《这样说话受欢迎：人见人爱的说话方式》。

人际交流的好坏，对于每个人来说，都是左右人生质量的重要因素之一。同时，对于企业及团队来说，每个成员能够顺畅、愉快地交流，也是左右生产效率及企业发展的重要因素。因此，本书对于从事管理工作的人士、对于企业及团队的领导，也非常实用。希望本书也能对他们起到一定的帮助。

日本 Discover 21 出版社编辑部

2020 年秋

目录

第 1 章 同事、朋友、家人之间的对话

01 当别人和自己说话时，
立刻回答："我知道""我明白" …… 3

02 "简单来说，就是 ×× 对吧？"
"总之，就是 ××"
随意概括对方所说的话 …… 6

03 别人向你推荐某种东西或请你吃饭时，
你不停地说"那个也很棒""那里也很棒" …… 8

04 用"对了，我想说"
"比起这些，我觉得"等语句
随意转变话题 …… 10

05 一脸无聊地回答"哦，就那个啊" …… 12

06 用"但是""其实是"
否定对方所说的话，或纠正对方所说的话 …… 13

07 别人对你说一些他（她）认为有趣的事情时
回答“这种事情，大家都知道” 15

08 用“你说的其实应该是这样的”
纠正别人的话语 17

09 对方明明无意责备，
却用“这是因为”“我的意思是”进行辩解 19

10 动不动就用“反正说到底”，说一些悲观的内容 20

11 对方刚要结束谈话时，
随声附和“哼，就这个啊” 22

12 疑惑不解地大声反问“什么？”“你说什么？” 23

13 只回应“嗯”“哦”“有空再说”，
不做进一步的回答 24

14 “是这样吗？”“果真如此吗？”
只表示怀疑，既不赞成也不反对 26

15 简单生硬地回答“没什么！” 28

16 生硬地说“你是这样想的啊” 29

17 根本不回答 31

18 别人找自己倾诉烦恼，
用“这种事情很常见”安慰对方 33

19 别人找自己倾诉烦恼，
用“你可以这样做”忠告对方 35

20 面对别人的烦恼，
得意地介绍自己的成功经验
“我也遇到过那样的事情，我是这样解决的” 36

21 面对别人的烦恼，
回答“你只要改变心态就好” 38

22 “我曾经做过这个”
“我的性格是这样的”
总之，对话中频繁出现“我” 39

23 与别人交谈时，总是说自己如何如何 39

24 对自己的情况只字不提
也不表达自己的观点 41

25 交谈时，故意说许多难懂的词汇或专业术语 42

26 针对对方所说的话，添加客观性的解说 44

27 向对方提意见时，
说“我虽然不介意，但大家有意见” 45

28 向对方提意见或拒绝对方时，
不停地找借口、做解释 47

29 给别人下定义“你就是 ×× 类型的人” 49

30 “×× 就是这个意思，对吧？”
动不动就让对方赞同 51

31 “放松，别紧张！”“加油！” 52

32 在别人面前说
“我很喜欢 ××”“我和朋友……” 53

33 评价人与人的关系时，这样表达：
“对于你来说，不合适”
“对于你来说，很合适” 55

34 用“×× 这方面还不错”的方式夸奖别人 57

35 同样的话跟同一个人说好几遍 59

36 “这些话，我以前听你说过” 61

37 与别人商量、讨论之后，再问另一个人
“我和 ×× 也商量过了，你的观点是？” 62

38 听别人说话时，双臂抱在胸前，
听别人说话时，皱眉头 —— 64

39 自己说话或听别人说话时
无缘无故地浮现笑容 —— 65

40 几个人聚在一起，
压低声音或兴高采烈地交谈 —— 66

41 应该说的话不及时说 —— 67

第 2 章 长辈、上司面对晚辈、属下

42 “×× 做得很好”
当着属下或孩子的面，夸奖别的属下或孩子 —— 73

43 “你好好努力的话，也能像 ×× 一样”
“你应该好好向 ×× 学习” —— 75

44 先说一句“我是为了你好，才这么说”，
然后责备对方 —— 77

45 当着众人的面，训斥某人 —— 78

46 随意下定论“你没有 ××” —— 79

47 不假思索地随口说“这件事你办不成” —— 79

48 “你令我很失望！” —— 81

49 “你能帮我把这个做一下，我会非常高兴”
吩咐属下做事时，表现得过于殷勤 —— 82

50 生硬地吩咐属下
“赶快把这个做好” —— 82

51 “我跟你说过了”
“要我说多少遍，你才能明白？” 84
52 以成熟的口吻说“你还是太年轻” 85
53 没仔细听，就立刻回答“好的，好的” 86
54 不表扬别人 87
55 不批评别人 88
56 通过对方的同事、下属，传达自己的指示 89
57 无视中层的管理人员，直接命令下属的下属 89

第3章 晚辈、下属面对长辈、上司

58 当上司催促工作时，回答
“我知道”“我刚才正要做” 93
59 上司说话之后立刻反驳 95
60 用“真不错”“干得好”等话语，夸奖上司 96
61 “如果你非要这么说，就这么办”
“好吧，就听你的” 98
62 “哎？”“什么嘛！”“知道了，知道了！” 99
63 上司刚布置完工作任务，
立刻拒绝：“这怎么可能做得完！”“我做不完！” 100
64 向上司提建议：“大家都很劳累”
“我虽然不觉得什么，但大家很累”
“您最好别和大家说这种话” 101

65 早上见面，不问候上司，
不向上司进行工作汇报 —— 103

66 用更上层的上司的话当盾牌：
“主管是这么说的”“领导是这么说的” —— 104

67 “辛苦、辛苦”“您真是努力啊”
“您来得真好”
“我赞成”“你”“我知道了”“不好意思” —— 105

68 和上司说话时，不使用敬语、礼貌语 —— 108

69 把敬语和自谦语弄混淆 —— 109

第4章 夫妻、家人之间

70 “我也非常劳累”
“我也很忙啊” —— 115

71 “反正跟你说了也没用”
“反正你就是这种人” —— 116

72 责备对方
“你一直以来就是这样！”
“你偶尔做一下 ××，难道不可以吗？” —— 117

73 突然之间命令伴侣
“快去做 ××！”“把 ×× 办好！” —— 119

74 “按道理，你应该 ××” —— 121

75 把自己的家人和别人做比较，
“如果是 ×× 先生”“如果是我的爸爸（妈妈）”
“如果是 ×× 的孩子” —— 122

76 回答一句“以后再说”，
然后不听对方说话 —— 123

77 一边做别的事情，一边听对方说话，
听对方说话时，不看对方的脸 —— 124

78 以放弃的口吻说
“你这个人，无可救药”
“你这个孩子，无可救药” —— 126

79 不夸奖对方 —— 128

80 不向家人表示感谢 —— 129

81 不向家人表示关心、慰问 —— 130

82 不和家人说“生日快乐” —— 131

83 不对家人说“喜欢” —— 132

解说 —— 134

第1章

同事、朋友、家人之间的对话

01

✕ 当别人和自己说话时，立刻回答：“我知道”“我明白”

此处是NG！[①]
强调了和对方的“差别”

○ 说话时，要寻找和对方的共同点，这样对方就会觉得“得到了你的认可”

当别人和你说话的时候，你立刻回答“我知道”“我明白”，那么对方十有八九会心生不快。即便你很有礼貌地回答“是的，这个我也明白”，也是同样的效果。因为你传达给对方的并不是你也知道这件事情，而是“好烦，别再啰唆了！”。

当你回答“我知道”“我明白”的时候，就算对方理解你的心意，明白你想表达的意思是“我是很优秀的人，所以请你认可我”。但对方仍会感到不愉快。因为“我是很优秀的人”也包含着“我比你更优秀”的意思在里面。也就是说，这些强调了你和对方之间的**“差别”**。

此处提到的“差别”是人与人的交流过程中的关键词之一。一般来说，当你想和别人合作时，基本要领是**“找出和对方的相**

同之处”；而当你想和别人对抗时，基本要领是**“找出和对方的差别之处”**。

这是交流过程中一条通用的原则，从人与人之间的交流到国与国之间的外交，全都适用于这条原则。所以从这条原则来看，“我知道”“我明白”这种表达方式，显然属于强调差别的表达方式，即便本人说话时的初衷并非如此。

那么，这种将自己与他人区分开的表达方式，我们为什么又会经常使用呢?

这就需要引出人与人交流中的另外两个关键词——**“比较”**和**“竞争”**。

人们会在不知不觉中将自己和别人进行比较，还会进行竞争。这里所说的竞争，不是为了取胜，更多的是为了“不输给对方”。承认自己“不知道”，当然就会输给那些知道的人。因此，为了不输给对方，就不得不说“这个我也知道”。

那么，人们为什么要想方设法地不输给别人呢?

这是因为人们会下意识地觉得，如果输给别人，别人就不会认可并接纳自己。所以人们才会尽量展现自己的优秀之处，让别人认可并接纳自己。

仔细思考一下，就会发现，如果目的是让对方认可并接纳自己，那么“我知道”“我明白”之类的回答方式，其实并非聪明的说话策略。正如前面所解释的，**如果想让对方认可并接纳自己，基本原则是强调本人和对方的相同之处，而不是强调本人和**

对方的差别之处。

因此和别人交谈时，如果你仅将“我知道”“我明白”作为随口应答的话语，那么最好立刻改掉这种说话方式；除非你本来就想表达“我不想和你这样的人说话，离我越远越好”或者“我比你更优秀，你不喜欢我也没关系，但要认可我的才能”之类的意思，那么则另当别论……

① NG：英语 no good 的缩写，本义是指演员在拍摄过程中出现失误。现在也常用来指错误、禁忌、不该做的事情等。

02

× “简单来说，就是 ×× 对吧？”
“总之，就是 ××”
随意概括对方所说的话

此处是 NG！
把对方所说的话归为“司空见惯的话”，以此来凸显自己更优秀

○ 完整地听完对方的话，
显示出你对说话人的认可

我觉得没有人希望自己所说的话被随意概括成“简单来说，就是 ×× 对吧？”“总之，就是 ××”。大家都希望别人能够完整地听完自己所说的话并表示认可。因为人们一般都认为自己所说的话并非司空见惯的话。当然，也有人自己偶尔表达不清楚的时候，很感谢对方帮助自己总结。但这种情况并不常见，只是极少数的个例。

那些随口说着“简单来说”“总之”，随意概括别人话语的人，似乎还为数不少。特别是那些自认为头脑聪明的人格外喜欢这样做。

这种做法强调的是自身的优秀，而不是接纳对方。**这些人为**

何这么热衷于强调自身的优秀呢？这大概是因为他们想通过这种方式，让别人认可自己、接纳自己。

当然，那些话语被随意概括的人，大多会感到不愉快；除非他们本来就想找个人帮忙概括。

03

× 别人向你推荐某种东西或请你吃饭时，你不停地说“那个也很棒”“那里也很棒”

此处是 NG！

这些话语都显示出拒绝，表示“我没兴趣”

○ 首先，完整地听完对方推荐的内容，表示接受之后，再说自己的内容

当有人说“这个很有意思”，向他人推荐某本书或某部电影的时候，有些人还没听完对方的介绍，就立刻回答“那本书（那部电影）也很有意思”，转而向对方推荐别的书或电影。而他们这么回答的初衷竟然是配合这个话题，与对方继续交谈。我不禁大感惊讶。面对别人的推荐，反而推荐别的东西作回应，这就是一种拒绝别人的“好方法”。

还有一类人，明明是别人请他吃饭，他却在饭桌上不停地夸奖别处的饭菜好吃。这类人被称作没礼貌的讨厌鬼，真是一点儿也不冤枉他们。

上述的各种错误的说话方式基本上与 01 小节中的例子如出一辙，都是在不知不觉中强调和别人的差别，与别人进行竞争。

当自己的提议、自己推荐的东西丝毫不被重视的时候，人很容易陷入孤独、失落的感觉之中。当别人向你推荐某种东西，你却谈论别的东西，这就相当于表示“我对你推荐的东西不感兴趣”，同时也表示“我对你这个人不感兴趣”，还可以解释成“我不相信你所说的话”以及“我不相信你这个人”。

总之，传达给对方的信息就是“我不接受你这个人”。对方自然会产生被孤立的感觉。

即便你回答“那个也很棒”“那里也很棒”的时候，初衷是配合话题继续交谈，或者你想表达“我也知道同等有趣的东西，我对此很了解，所以我们愉快地相处吧”，但实际上，传达给对方的信息却是“拒绝”。

04

✕ 用“对了，我想说”
“比起这些，我觉得”等语句
随意转变话题

此处是 NG！
单方面把交谈切断了

○ 转变话题之前，先完整地听完对方的话

“对了，我想说”“比起这些，我觉得”等语句的基本作用，与 03 小节中的“那个也很棒”是相同的，都是没有完整听完对方的话就随意转变话题。这种做法传达出的信息是“我对你所说的话不感兴趣”“你所说的话没意思”，同时这也表示“我对你这个人不感兴趣”“我不想听你说话”。总之，传达给对方的信息都是“我不接纳你这个人”。

而且，有不少人说“对了，我想说”“比起这些，我觉得”的初衷，是继续交谈，并让对话更活跃。这种误解着实令人头疼。

实际上，人与人对话交谈，就如同投球游戏一样。对方把球投给你，你必须先接下来，然后再投回给对方。这样，投球游戏才能继续。不完整地听完对方的话，也不做适当的回应，就随意转变话题，这就相当于对方投给你一个棒球，你却扔回去一个足球。对方肯定会觉得莫名其妙，心想："我刚才说的那个话题，怎么不见了？去哪里了？"同时这种莫名其妙的状况，也足以让对方体会到**被孤立、失落的感觉**。

因此，如果你早就对对方心怀不满，想伺机小小地报复对方一下，那么无视对方的话语，随意用"对了，我想说"转变话题，是个非常有效的方法。另外，这也是个强行将话题转到自己身上，彰显自身优越性的好方法。

实际上，有些人如果只听别人说话，会觉得自己毫无存在感、毫无价值。所以为了消除这种不安，这些人就会焦急地转变话题。他们这么做是为了保护自己，不让对方威胁到自己。但他们没注意到，其实他们也在威胁着对方。

如果用随意转变话题的方式报复对方，你的自尊心和人格得到了满足；相应地，对方的自尊心和人格则受到了伤害。所以，对方也会等候时机以牙还牙，对你施加**小小的报复**。

另一方面，我们的周围确实也有一些招人厌烦的人，他们一旦开始某个话题就啰里啰唆、不停地说。为了让这些人闭嘴，用"比起这些，我觉得"转变话题，倒是个好办法。

05

✕ 一脸无聊地回答“哦，就那个啊”

此处是 NG！

这种回答强调了自己的优越性

○ 这种回答方式和表情，都应尽量避免，除非你另有企图，想故意让对方难堪

一脸无聊地回答“哦，就那个啊”，很明显，这种回答方式传达的信息是“你说的内容太无聊，早已过时了”“你这个人太无聊了”。显而易见，对方听到这种回答，必定会心生不快。然而，人们有时就是不知不觉地采用了这种回答方式。归根结底，这是因为回答者没有积极地接纳对方，而是更注重强调**“我比你知道得更多”**。

另一方面，虽然有时我们心里知道某件事，但为了给对方留面子，所以故意回答“哦，原来如此啊”。对方反而像获胜了一般，态度傲慢地轻视我们。针对这类人，我们故意一脸无聊地回答“哦，就那个啊”，让对方难堪。这倒也是一种有效的策略。

06

× 用“但是”“其实是”否定对方所说的话，或纠正对方所说的话

此处是NG！
这种回答否定了对方的话语

○ 应该更重视大的“共同点”，不要过分纠结细小的“差异”

和别人交谈时即便总体意见一致，有些人仍会说着“其实是”来纠正对方所说的话；有些人则不放过任何小纰漏，用“但是”反驳对方。这些人到最后必定会孤独地感慨：“为什么周围的人都躲着我？”

其实这些人只是习惯性地随口说说而已，并没有太深的用意或企图。然而，正因为随口一说，反而给对方带来更大、更深的打击。因为每次对方说话时，都被不断地指出“你说的话不严谨”“你这个人不严谨”“你不如我，你没我优秀”。

对方纯粹的“想和你交流、想和你聊天、想和你分享趣事”的想法，逐渐消磨殆尽。最终对方只会离你而去，认为“反正你总觉得自己最正确，算了，你自己孤芳自赏好了”。

当然，你也并非完全失败，至少你从心里一直想表达的“我最正确，我比你正确”的想法，被对方准确无误地接收了。

如果你的初衷是与对方建立信任，那么你最好着眼于大的“共同点”，而不是细小的“差异”。正如我反复强调的，寻求共同点是人与人交流的基本原则。

07

✕ 别人对你说一些他（她）认为有趣的事情时回答“这种事情，大家都知道”

此处是 NG！

这是一种消极的信息，将自己和别人区分出优劣

○ 对话时，不要将对方的话语“平庸化”“普遍化”

“这种事情，大家都知道”等话语，会让对方充满挫败感，也会让本来气氛热烈的交谈瞬间冷场。因为这些话语传达给对方的信息是“你所说的话，实在平淡无奇”以及“你是个平庸无趣的人”。

这里的**“平庸化”“普遍化”**，与此前提到的**“竞争”“比较”“差别化”（制造出与对方的差别）**一样，都是一些典型的负面信息。这些负面信息往往被无意识地加入对话中。似乎每个群体中，总有几个采用这种方式说话的人，别人只好对他们敬而远之。这些人其实并非想贬低别人，他们只是希望强调自己很优秀罢了。

另外，有些人在公司等公众场合从不这样说话，回到家却随意地对伴侣、子女、父母采用这种说话方式。其实这些人在结婚之前，为了讨恋人的欢心，无论对方的话多么无聊，也会听得眉飞色舞、感动不已。（一般这么做的人，男性居多。）

所以，当你说出“这种事情，大家都知道”时，传达给对方的信息是“好烦啊，别说这些无聊的话了”。然后正如你所希望的，家庭中的交谈便会逐渐减少。

实际上，这么说话的人其本意往往是想表达“我是个优秀的人。我在公司里很了不起。所以，请你更加尊敬我、更加重视我”。当然，实际传达给对方的并非上述的信息。

08

✕ 用“你说的其实应该是这样的”纠正别人的话语

此处是 NG！

多数情况下，“帮忙纠错”反而是“多此一举”

○ 要向对方传达“共鸣”和“鼓励”，“什么是正确答案”其实并不重要

人们说话并非为了让别人评判自己的话语。然而，总是有些人听到别人的话后，用“你说的其实应该是这样的”纠正别人，告诉人家什么才是正确的。

这种对“正确”的过分执着，其实是我们在交流过程中常犯的一个错误。

人们总觉得告诉别人正确的事情，对方会感谢自己。然而在日常对话中，说话者只是想让别人听到自己的话，与自己产生共鸣，稍微鼓励一下自己，并非想让别人评判自己的话语，纠正哪里有错误。

如果换成商务谈判或学术研究，需要追求正确性和严谨性，那么就另当别论。但在日常对话中纠正对方，不仅不是有益的建

议，反而是多此一举。如果你只是想表达“我比你更优秀”，那么这是个好方法；如果你是想帮助对方，那么不仅得不到感谢，反而会令对方感到生气。

更进一步，即便在商务谈判中，真正智慧高超的人也会特别注意说话方式。因为他们知道，越是正确严谨、无可反驳的话语，反而越会令人心生不快。

09

× 对方明明无意责备，
却用“这是因为”“我的意思是”进行辩解

此处是 NG！
这些话语，将对方定义为“施加伤害的一方”

○ 对话中即便出现负面的内容，
也不要轻易地认为是“对方责备自己”

在日常对话中，有些人只要听到一丁点儿负面意思的话语，便立刻用“这是因为”“我的意思是”等语句进行辩解，即便对方丝毫没有责备他的意思。这些人进行辩解，或许只是在自我保护，告诉对方“不要责备我”。但对方听到这些辩解的话语后，心情肯定不会愉快。

因为“不要责备我”就意味着“你刚才想要责备我，所以我是受害者，你是施害者”。

突然被定义为施害者，没有人会心情愉快。所以，人们自然会对那些无故辩解的人心存厌恶。于是，那些无缘无故地使用“这是因为”“我的意思是”将自己定义为受害者的人，会逐渐成为真正的受害者（不被周围人喜爱）。

10

✕ 动不动就用“反正说到底”，说一些悲观的内容

此处是NG！

虽然这不是批评对方，但会令对方感到不快

○ 不要毫无缘由地批判事物

“反正说到底”这种表达方式最受那些头脑略微有点聪明、或是想显得头脑聪明的人的喜爱。或许他们觉得说一些悲观的话、**批判性的话**可以显得头脑更聪明。

“反正说到底，这个世界不公平”“反正说到底，只有见风转舵的人吃香”“反正说到底，都是白费力气”“反正说到底，我这个人……”这些话语虽然并非批评一起交谈的人，但大多数情况下，会让一起交谈的人感到不快。因为对方听到这些话后，也会被卷入到悲观、阴暗的情绪之中。

如果对方也是个“看待世间万物皆不顺眼的人”，那么这两个人肯定会惺惺相惜，成为知己。即便如此，如果将来的某日其中一人的人生出现转机，这两个人便又会互相扯后腿。所以，他们的关系大概也持续不了太久。

在大多数人看来，“反正说到底”这类话语传达出的是一种**“威胁”**，威胁“如果乐观地思考问题，就会吃苦头”；同时这也是一种**“批评”**，无端地批评别人“你是个无脑的乐天派”。实际上，说着“反正说到底”的人，心里的真实想法往往是“我对这个世界很了解，但没人知道我这个长处，所以请你们认可我”。

11

✕ 对方刚要结束谈话时，随声附和“哼，就这个啊”

此处是 NG！

这表明你不想把对方的话“最后听完”

○ 一句毫不起眼的随声附和，也足以让对方不愉快

如果你想让对方不愉快，也就是想借机表达“我讨厌你”“我不想再听你说话”的想法。那么，你无须准备什么特别的言辞，只要在对方即将结束谈话前的一瞬间，随声附和一句“哼，就这个啊”。

仅凭这一句随声附和，绝大多数人就会意识到“对方不想听自己把话说完”“对方不想听自己说话”“对方不接纳自己”。

即便你这样随声附和只是因为你性子急、大脑反应太快，或者是你想表现得自己大脑反应快，但同样也会让对方产生上述的误解。

12

✕ 疑惑不解地大声反问“什么？”“你说什么？”

此处是 NG！
向对方表达了你的不信任

○ **如果没听明白，想让对方再说一遍，应该用更礼貌的方式**

有时，你仅仅因为“刚才那句话没听明白，希望对方重说一遍”，于是向对方反问：“什么？”“你说什么？”但对方会从中感受到**“否定”“怀疑”“不信任”**，也就是如下的信息：“没想到你说的事情这么无聊，我没听错吧？”或是“我不同意你所说的话”“你说得太没条理，最好说清楚一些”。

因此，如果晚辈或属下用“什么？”“你说什么？”反问长辈或上司，由于其中所包含的否定及怀疑，长辈或上司必定会气愤地想：“这个家伙，怎会如此傲慢无理？”

总之，只要人们遭到反问，都会觉得对方是在“怀疑自己”。而且实际上，有些人就是故意借助反问的方式，向对方表明自己的不信任。因此，如果你反问时不想被误解，就千万不要采取“什么？”“你说什么？”等强硬的表达方式，而应采取更礼貌的方式。

13

只回应“嗯”“哦”“有空再说”，不做进一步的回答

此处是 NG！

这些都是表示委婉的“拒绝”

如果想拒绝对方，不要委婉地表达，明确告诉对方，反而不会让自己的信誉受损

“嗯”“哦”“有空再说”等表达方式并非不好，但这些话语经常用来委婉地表达“我不想回答”的意思，也就是在不伤害对方的前提下，委婉地拒绝对方。如果频繁地使用“嗯”“哦”“有空再说”等表达方式，就会给人留下“这个人什么事情都拒绝”“这个人说话含糊其词，从不把话说清楚”的印象。

而且，这些表达方式比较见外、没情感，一般专门用于交情不深的人。如果用在与自己关系亲密的人身上，就会传达出一种**“距离感”**，表示“我和你之间，其实并不算特别亲密”。因此，经常使用这些表达方式的人，往往感叹自己没有知心朋友。其实是他们用错了说话方式。

当然，在职场中，部下不可以对上司使用“嗯”“哦”“有空再说”等表达方式；而上司对部下频繁使用这些表达方式，也会导致部下对自己的不信任。

14

✕ “是这样吗？”“果真如此吗？”只表示怀疑，既不赞成也不反对

此处是 NG！
间接地表示拒绝与对方建立信任关系

○ 如果想与对方建立信任关系，即便对自己的观点没自信，也要说出来

只说一句“是这样吗？”或“果真如此吗？”表示疑问，但接下来既不表示赞成也不表示反对。你的初衷或许是不想伤害对方，委婉地向对方表达“我不同意你的观点”。但实际上传达给对方的却是“我不赞成你的观点，但我也不想把我的观点告诉你”的意思。

而且，不明确说出自己的观点或反对的理由，对方也就无法进一步反驳或赞同。所以对方收到的另一条信息就是**“你说什么都与我无关，我不会改变我的观点”**。或许不表明观点的人根本没想这么多，只是单纯地不想与别人争论，因为他对自己的观点也没多少自信。但这种对自己观点没自信的人却往往异常顽固。

总之，只说一句“是这样吗？”“果真如此吗？”表示疑问，却不表示赞成或反对，这种说话方式如果形成习惯，当对方的观点出错时，自己可以事后强调“果然，那个时候我就觉得不对”；而当自己的观点出错时，事后也不会有人注意到。所以无论事态怎样发展，自己都不用承担责任。

因此，这种说话方式包含的最后一条信息就是**“我不想承担责任”**。如果你明确知道上述的道理，还故意采取这样的说话方式，当然也无可厚非；但其结果是你无法获得周围人的信任。当然，你也无权责备周围的人对你不信任。

15

✕ 简单生硬地回答“没什么！”

此处是 NG！

这是向对方明确地传达“拒绝”

○ 强烈的拒绝会给对方造成巨大的冲击

简单生硬地回答“没什么！”，这是叛逆期的青少年回应家长、老师时经常采用的表达方式。这种表达方式也常出现在倦怠期的夫妻之间，以及反抗期的年轻职员身上。

显而易见，这种生硬的回答方式表达出一种强烈的拒绝感：“别烦我！就算有什么事情，我也不想跟你说。”

多数情况下，生硬地回答“没什么！”的人，其实希望对方冲破重重阻碍，询问自己究竟有什么烦心事。但“没什么！”传达的拒绝过于强烈，连家长们都不禁望而却步。于是，真正的孤独便拉开了序幕。

16

× 生硬地说“你是这样想的啊”

此处是 NG！
这句话容易被误解成否定对方

○ 注意说话时，要针对对方的“观点”
而不是针对对方这个人

不能接受对方的观点，以及不能接受对方这个人，完全是两码事。但大多数情况下，人们往往认为自己的观点等于自身的整个人。当自己的观点被否定时，人们会觉得自己整个人都被否定了。这就是为什么否定别人的观点是个很复杂、敏感的事情。

“你是这样想的啊”这句话，显然表明**“我不是这样想的”**，也表明“别人不是这样想的”。

如果说“你是这样想的啊”的人认为一个人的观点等于其本人，那么他话语背后的意思就是“我们两个人的观点不同，所以我们两个人无法交往”。于是，和他交谈的对方就会觉得自己被排斥了。

与被排斥相比，被批评“你的观点不对！”反而更好受一些。

然而，同样是说“你是这样想的啊”，如果说话者不认为一个人的观点等于其本人，那么其话语背后的意思是“哦，你是这样想的啊。虽然我无法接受你的观点，虽然我们的观点不同，但我们可以和睦相处”。

实际上，同样一句“你是这样想的啊”，由于语气不同，常常被人们误解为不同的意思。而一些平时说话语气就比较生硬的人，虽然说的时候想的是第二种意思，也往往被误解成第一种意思。所以需要多加注意。

17

× 根本不回答

此处是 NG！
这是最大限度地拒绝对方

○ 即便是自己
"没注意到""不小心忘了回答"
也会最大限度地向对方传达出拒绝的信息

前面我给大家列举了许多说话方式的例子，都是容易造成误解、让对方误认为自己被拒绝的例子。在这些例子中，说话者往往本身没有恶意，却不小心造成误解。然而，真正最严厉地拒绝对方的方式，则是根本不回答，无视对方。如果是很多人针对一个人这么做，那么就是霸凌或排挤某人。

如果为了表达愤怒或拒绝，采用不做回答的方式，那么效果绝对显著。况且这根本算不上误解，所以不在本书的讨论范围之内。但问题是，有时候自己明明不想这么做，却无意间向别人使用了这个最严厉的拒绝方式。

· 向对方打招呼，对方没有回应。

·询问对方听明白了还是没听明白，对方不做任何回答。

·给对方发了短信，得不到回复。

·向上司提交了计划，计划得到采纳还是未被采纳，对此上司没有任何回应。

·向属下安排了工作，属下没有汇报任何工作结果。

·给对方寄了礼物，对方没有回复任何表示感谢的电话或短信。

·给对方寄出了贺年卡，许久未收到对方的任何回应。

上述这些情况中，不做回答的当事者或许仅仅是“没注意到”“不小心忘了回答”，但事实都是根本没做任何回答。这不可避免地会向另一方传达出最大限度的“拒绝”。

18

×　别人找自己倾诉烦恼，用“这种事情很常见”安慰对方

此处是NG！

本意是安慰对方，但这句话会在双方之间建立“优劣”关系

○　“安慰”的话语有可能产生上下级关系，需要时常注意“理解包容对方”

有些人常用“这种事情很常见”来安慰别人，说这句话的本意是“这些事情不算什么，所以没必要那么消沉”。听到这句话之后，有不少人会心情变好，“原来如此，并非只有我一个人遇到这种事情啊”；但也有不少人反而会变得更消沉。

因为他们接收到的信息是“你的烦恼其实根本不算什么”“你的烦恼没什么特别之处”，这也代表着“你这个人其实根本不算什么”“你这个人没什么特别之处”。这便是我们此前提到过的，将人**“普遍化”“一般化”**。

其实每个人都希望自己是**一个与众不同的、特殊的个体**。与众不同的自己所拥有的烦恼，当然也应该与众不同。这种想法是对是错，我们不做讨论。但理解包容对方的心情，应该是倾听烦

恼的人最需要做的。

另外，还应注意的一点是，用“这种事情很常见”安慰别人，那么安慰者就会位于倾诉者之上的位置，这是双方之间的一种微妙的等级关系。

人类除了很在乎“输赢”之外，还很在乎“上下”的等级关系，也就是很在乎谁处于上级、谁处于下级的地位。在日常言谈中，在处事态度中，人们时常在竞争谁处于上级的地位。这种做法是对是错，我们同样不做讨论。但需要记住的是，这是人们进行交流过程中的一项基本原则。

因此，“这种事情很常见”的安慰方法包含的另一条信息是“我比你更了解人情世故”“我是一个可以拯救你的人（也就是比你高一级的人）”。

如果对方想找个更了解人情世故的人保护自己，那么这种安慰方式毫无问题；如果不是这样，对方心里想的很可能是“你有什么资格跟我说这些？”。

19

✕ 别人找自己倾诉烦恼，用“你可以这样做”忠告对方

此处是 NG！

对方并非想寻求“解决方案”

○ 不要提出“解决方案”，而是传达出“我能理解你”

用“你可以这样做”安慰对方，这与前一小节以及第 08 小节所讲的错误说话方式都非常相似。自己明明是在为对方出谋划策、排忧解难，但对方不但不感谢，还责备地说：“你根本不了解我的心情。”实际上这种情况很常见。因为倾诉苦恼的人想要的只是一句理解和共鸣“是吗，真够你受的”，并非想让你出谋划策，解决问题。

用“你可以这样做”安慰对方，对方从中接收到的信息是“我比你更了解人情世故”“如果换作我，这些根本算不上烦恼”。总之，传达给对方的信息就是**“我比你高一级”**。

20

✕ 面对别人的烦恼，
得意地介绍自己的成功经验
“我也遇到过那样的事情，我是这样解决的”

此处是 NG！
你曾经的成功经验，在对方听来往往是“自我吹嘘”

○ 提建议时，要充分考虑对方的感受，
比起“提建议”，不如“用心倾听”

面对别人的烦恼，有些人会说：“我也遇到过那样的事情，我是这么解决的。”他的初衷是认为对方和自己一样，所以自己能够感同身受，并将自己的解决方法介绍给对方。然而，实际传达给对方的信息却是“我当时处理得很好”“我当时成功解决了问题”**“我当时……我当时……”，全是自鸣得意的话。**

于是，大多数情况下，对方会这样回答：“是啊，你真了不起。我跟你没法比。”也就是说，对方成功接收了你传达出的“我和你不一样，我比你更优秀”的信息，即便这个信息是你无意中传达的。对于那些本就心烦意乱、颇感郁闷的人，这纯属雪上加霜。

在这里，我要向大家介绍人与人交流中的另一大原则，那就是：**你想传达什么不重要，最终传达给对方的才是全部。**

进行传达的人有义务让对方理解你想传达的内容。不停地责备对方理解能力差，是毫无用处的。责备对方并不能帮助你成功传达想传达的内容。

因此，在本小节的例子中，如果你真的想鼓励对方、想帮对方解除烦恼，可以说："虽然我和你的遭遇不同，但我也有相似的经验。所以，我应该能理解你的感受，虽然称不上完全理解。"

如果没有相似的经历，就什么也不用说，静静地倾听对方的倾诉即可。不用发表评论、提建议，至少在这段时间里，让对方做一下这个世界的主角。

21

✕ 面对别人的烦恼，
回答“你只要改变心态就好”

此处是 NG！
这等于否定对方的烦恼，以及对方这个人

○ 面对别人的烦恼，
不要做“评论”“解释”“忠告”

面对别人的烦恼，回答“你只要改变心态就好”，这也属于“贬低”别人的一种表达方式。无论你这样说的初衷是什么，传达给对方的信息都是“你的烦恼根本不值一提”“你为这个烦恼，纯属错误”“你错了，我很清楚这点”。

当然，或许有些人听到“你只要改变心态就好”以后，真的会转变心态，逐渐变得乐观。然而，更多的人则会在内心发誓：“今后对这个人，最好不要暴露自己的弱点。”

所有人都不希望别人评价、解释自己的烦恼或身心状态，也不希望别人对此做什么忠告。他们只希望别人听一听自己的烦恼，并表示同情。其实你也是这样。

22

✕ “我曾经做过这个”
“我的性格是这样的”
总之，对话中频繁出现“我”

23

✕ 与别人交谈时，总是说自己如何如何

此处是 NG！
对方会认为这是单方面的交流

○ 交谈的主语不应是“我”，
应尽量偏向“你”

当人们进行交谈时，如果“我”这个词出现的频率达到一定的程度，对方就会隐约感到不快。即便说“我”是为了让自己谦虚，或把自己放在对方之下的位置，对方仍会感到不愉快。

因为对方接收到的信息全是“我是这样性格的人，所以请认可我”。似乎有一股“我、我、我”的洪水，扑面而来。如果将对话比喻为双方相互投球，那么对方还没来得及投球，就不断有球投过来。“这是我的球，请接住。这个也是我的球，接好了。还有这个，麻烦接一下我的球。”

即便写得这样详细，有这个毛病的人也很难察觉自己就是其中的一员。他们往往想的是“我才不是这种人”。

同样的，如果一个人和别人交谈时，总是自顾自地说自己如何如何，他身边的人也会逐渐远离他；除非留在他身边能获得某些好处。

24

✕ 对自己的情况只字不提
也不表达自己的观点

此处是 NG！
这表明你不想与对方产生联系

○ 根据对方敞开心扉的程度，
自己也应该说一些自己的情况、观点

如果在交谈中，对方询问你的情况，你只是回答一句“不，没什么”。对方询问“你对这个问题有什么观点？”，你也只是回答“没什么”或“别人是这样说的……”。其实这种回答方式反而是一种强烈的自我强调。

虽然有时候你这样回答只是由于你为人低调，或者由于你有内涵，或者由于你受过某种“良好的教育”。但如果对方对你敞开心扉，你仍然采取这样的态度，传达给对方的信息就会是**“我和你（你们）不一样，我不想和你（你们）产生任何联系”**。

因此，如果你真的不想与某些人交往，这倒是个有效的方法。

25

✕ 交谈时，故意说许多难懂的词汇或专业术语

此处是 NG！

显示自己很优秀

○ 交谈时，应该用对方易于理解的表达方式

交谈时，有些人会故意卖弄，说许多难懂的词汇或专业术语。这种人分为两类：第一类是只知道难懂词汇或专业术语的，不谙世事之人或痴迷型学者；第二类是习惯性地显摆自己很聪明的人。

总之，他们传达给对方的信息都是“我很聪明，我比你聪明”。这是一种把自己和别人“**差别化**”的方式，而且这其中还包含着一种“**威胁**”，即“听不懂我说的话，是因为你不好”。

于是，其他人都忙不迭地尽早离开。因为没人有闲工夫细细品味这些难懂的话语。尽管这些难懂的话语背后隐藏的信息，很可能是“请看，我多么聪明。所以请认可我，并且喜欢我”。

然而，有些女性就是喜欢一眼看上去很知性的男人，她们或许会留下来；但知性必须搭配高颜值，才能发挥作用。所以，不一定滔滔不绝地罗列难懂的词汇，就一定会受女性青睐。

26

✕ 针对对方所说的话，添加客观性的解说

此处是 NG！

只是评论对方的话语，却没有自己的观点

○ 不要总说一些不用承担责任的话

有时候大家聊天时，当有一个人说“有这样一件事……”立刻就有人详细地解释“哦，关于那件事，2006 年政府发布的 ×× 白皮书里，将其定义为 YY”。一开始大家或许觉得这个人很了不起，很尊敬他。但他如果一直这样，大家就会渐渐地疏远他。这和前面一小节讨论的内容一样，都属于向别人强调自己很聪明。

谁都不希望自己所说的话被旁人一句一句地详细解释。这就相当于有个人一直逼问你：“你对这句话，究竟是怎么理解的？”然而，这些解释别人话语的人往往只做解释，却丝毫没有自己的观点。

因此，不断地客观地解释别人的话语，这一行为表达的另一层信息是“我只提供解释说明，**我从不负责做任何决策。**”

27

✕ 向对方提意见时，说“我虽然不介意，但大家有意见”

此处是 NG！

对方不会认为“大家有意见”，而是认为“你有意见”

○ 如果有意见，最好直接告诉对方，避免对方对你产生不信任

“我虽然不介意，但大家有意见。”这么说的目的有两个：一是向对方提意见；二是告诉对方“我虽然向你提意见，但请不要讨厌我”。但这种说话方式反而更容易让对方讨厌你。

换个角度，假设有个人用这种方式向你提意见，你肯定会觉得这不是“大家”的意见，而是说话人的意见。

“我是一个好人。如果你讨厌我，那就是你的不对。”如果有人这么跟你说话，你必然会感到不愉快吧。而“我虽然不介意，但大家有意见”这种说话方式，想表达的其实就是上述的意思。

被提意见的人即便想辩解，也无法跟眼前的这个人辩解，只能与无形无影的“大家”辩解，这着实令人郁闷。

即便你当场回答“好的，谢谢你的忠告。我尽量改正”，事后你也会猜想“这个大家，究竟是谁？既然你不介意，还提意见干什么？你究竟站在哪一边？”。于是，你对那个提意见的人必定会充满了不信任的感觉。

另外，家长和老师也经常用这种方式教育孩子。例如：“你这么做的话，别人会讨厌你的。”这句话应该改成“你这么做的话，妈妈（爸爸）会伤心的”。应该直接向孩子传达自己的感受，否则孩子很难按照你的心愿改正缺点。

28

向对方提意见或拒绝对方时，不停地找借口、做解释

此处是 NG！

故意找借口进行解释，反而让对方产生罪恶感

不如坦率地拒绝对方，找借口、做解释，实则是在保护自己

向对方提意见或者拒绝对方时，应该顾及对方的颜面，尽量采用委婉、礼貌的说话方式。许多人都有这样的想法，这种想法并没有任何问题。

然而，有些人顾及对方的面子、委婉地说，却反而令对方不愉快。这是因为这些人虽然嘴里说着保全对方的面子，但实则保**全的是自己的面子。**

有些人说话非常有礼貌，似乎处处为对方着想。然而和这些人交谈之后，你总是莫名其妙地感到疲劳，或者心中堵着一口气发不出来。那么这些人可能就是看似保全你的面子，实则心思全用在**如何保全自己的面子上。**

实际上，这些人在交谈中传达的信息是“即便我说这些话，

但也请你不要讨厌我。因为我不是个令人讨厌的人，我会设身处地为你着想，所以是个非常好的人”。

这就相当于告诉对方“如果你讨厌我，就是你的不对，你就是恶人”，也就是刺激对方的罪恶感，让对方产生愧疚感。

因此，这些人才是真正讨厌、可恶的人，那些直接批评、拒绝别人的人反而要好很多。另一方面，你又不由得疑惑：“我竟然会讨厌这么好的人？看来确实是我不对。”所以你才会觉得疲劳、郁闷、不愉快。

此外，你心中还会有一丝不安：如果被这些人发现你内心其实讨厌他们，他们可能会向周围的人不停地抱怨你的为人。

29

✕ 给别人下定义"你就是 ×× 类型的人"

此处是 NG！

给别人下定义，无论内容好坏，都会令对方不愉快

○ 即便是积极赞许的内容，也不要给别人下定义

"你是个认真的人""你这个人，太神经质"，这种给别人下定义的说话方式，大多数情况下会令对方不愉快，即使你下的定义是赞许的内容。

这是因为这种下定义的说话方式都是**用过去对这个人的印象，来推断当前这个人的状况**。即便你说的是"你这个人，一直以来都很优秀"，那么，从这一瞬间开始，对方就不得不尽量保持"优秀的自己"，对方会无形中感到一种压力。

另外，即便你给对方下了优秀的定义，**终究还是评价了对方**。进行评价的人，以及被评价的人，若论上下关系，当然是进行评价的一方处于上级。所以，"评价"会形成上下级关系，这和前面所讲的**"竞争""比较""普遍化"**一样，都是阻碍人与人交流的重要原因。

“你这个人，一直以来都很优秀。”虽然看起来非常尊敬对方，但其中也隐含着“能够发现你的优秀之处，说明我更优秀”的信息。这不免让对方听着逆耳。

更有甚者，直接断定对方“你就是 ×× 类型的人”，这其中往往包含着小小的恶意（觉得与对方相处比较麻烦，对方与我不同）。总之，这种给对方下定义的说话方式传达的信息是“你是什么样的人，我最清楚”“你过去、现在、将来都不会改变”“即使你想改变，也根本没用”。

30

✕ “× × 就是这个意思，对吧？”

动不动就让对方赞同

此处是 NG！

动不动就让对方赞同，实则是把责任推卸给对方

○ 把做决策要承担的责任推卸给对方，

这类表达方式尽量少用

人们都不希望别人随便给自己下定义，而另一方面，如果对方总说“× × 就是这个意思，对吧？”来寻求赞同，也很令人厌烦。因为**这句话将做决策要承担的责任强加到了别人身上**。实际上，有些人在无意之中有“我不想承担责任”的想法，于是“× × 就是这个意思，对吧？”之类的话语，就会成为他们的口头禅。

总之，这类话语包含的意思是“最终承担责任的是你，跟我没关系”。经常使用这类话语逃避责任的人，当然不会受到别人的爱戴。

31

✕ “放松，别紧张！”“加油！”

此处是NG！

否定对方“现在的状态”

○ 对于神经脆弱、容易紧张的人，不要随便说“放松，别紧张！”“加油！”

“放松，别紧张！”“加油！”都是惯常使用的鼓励话语，无论是说的一方还是听的一方，都不会对这些话语太在意。然而，对于那些神经比较脆弱、本来就心里没底、比较神经质的人，如果频繁使用“放松，别紧张！”“加油！”来鼓励他们，那么这些话语不但起不到鼓励的作用，反而会给他们带来压力。

因为“加油！”也就意味着“必须更加努力才行”“现在这个样子不行”。因此，不断地被别人喊“加油！”，也就等同于不断地被要求“现在这个样子不行，必须更努力”。

“放松，别紧张！”也是同样的道理。每个人都想在关键时刻放松身心，表现出平时的真正实力。如果有人特意提醒“放松，别紧张！”，就等于提醒“你现在仍然很紧张”。这反而会令对方更加紧张。

32

✕ 在别人面前说
“我很喜欢××”“我和朋友……”

此处是NG！
让对方产生孤立感

○ 要附带说一句
“我和他（她）的感情没有和你的深”
表明和对方的感情才最深

同性之间，讨论喜欢的异性，怎么说都可以。但同性之间，如果其中一人对别的同性说“我非常崇拜他（她），非常喜爱他（她）”“那个人真的非常好”，那么另一个人的心中肯定不会平静。

多数情况下，如果孩子在家长面前说“我最喜欢妈妈”，爸爸肯定会禁不住问“那你喜不喜欢爸爸？”（即便爸爸心里知道孩子肯定会回答“我也最喜欢爸爸”）。同样的道理，换作谈论别人更是如此。

因此，如果对方崇拜的是与自己相差二三十岁的上司，或是比自己年轻许多的少年、少女，冲击力还不算强。（实际上，连这些人也不应该谈论。）如果对方崇拜的是与自己年龄、境遇差不多的人，那么我们得到的信息是“我算不上喜欢你”“我觉得你无关紧要”。这是一种否定。对方仅仅说一句崇拜或喜欢某人，我们便会有这样的感受。

此时即便慌忙地补充“其实我也很喜爱你”，也于事无补。因为**喜欢程度排在第二，与不喜欢没有区别**。此时的正确措辞，应该是“其实我和他（她）之间的感情，没有和你的深”。

同样的道理，在朋友面前说“我和别的朋友，去某某地方玩”或“我送给别的朋友某某东西”，也会让你面前的朋友产生孤立感。因为人们总是希望自己在别人眼中是个特别的人物。

还有一类人嘴里常说“我和我朋友……”，以此来显示自己朋友多、人缘好。目的是告诉周围的人“我有这么多朋友，所以请你也喜欢我”。但实际上，这些话却起到了反作用，这些话传达给别人的信息是“你不是我的朋友。你在我眼中，算不上特别的人”。

33

✕ **评价人与人的关系时，这样表达：**

“对于你来说，不合适”

“对于你来说，很合适”

此处是 NG！

“对于你来说”这种语句，表达出差别化，强调自己才最正确

○ **改成“跟你不合适”“跟你很合适”**

才显得礼貌、友善

“对于你来说”这类表达方式，往往容易造成误解。采用这种表达方式，言外之意就是“对于我来说，很合适”或“对于我来说，不合适”。由此可见，这是一种“差别化”的表达方式，强调**“我是正确的，你是错误的”**。

如果有个“不适合”的人，那么错误不在那个人身上，而是“你”不好。即便那个人有各种各样的问题，但“我可以和他（她）融洽相处”。

即便有个人“很合适”，但表达为“对于你来说，很合适”，就成了你们臭味相投、物以类聚的意思。而对于“我”来说，则不愿与那种人交往。所以此处表达的意思，也同样是“我”才是

正确的。〔如果是出于善意才这么说，就相当于“对于你来说，他（她）同样是个了不起的人”。〕

总之，“对于你来说，不合适”“对于你来说，很合适”这种表达方式，是一种高高在上**“评价”**对方的表达方式。这种态度本身就会令对方不愉快，请大家牢记这一点。

34

✕ 用“× × 这方面还不错”的方式夸奖别人

此处是 NG！

这里的“这方面”代表着“其他方面不行”的意思

○ 改成“有专注力”“有办事能力”，不要使用“这方面”作为限定

有人夸奖别人时，采用“专注力这方面还不错”“长相这方面还不错”“办事能力这方面还不错”的方式。

这种夸奖方式是有问题的，问题就出在“这方面”上。

这些句子中的“这方面”，代表着“其他方面不行”的意思。

因此，上述这些话算不上是夸奖人的话，而是一种暗中讽刺人的话。暗中对对方有意见时，才会使用上述的表达方式。如果真的想夸奖人，直接说“很有专注力”“长相也很好”就可以了。

一般来讲，只要受过小学以上的语文教育的人，自然就能看出上述两种表达方式的区别。如果真的遇上“× × 这方面还不错”的夸奖方式，被夸奖的人出于礼貌回答“谢谢”，但内心也

会发誓要报复一下。退一百步，即便被夸奖的人认为对方没有恶意，但内心同样也会想“这个人太不会讲话了，真是没有常识，没有礼貌”。

这里再深入分析一下。假设你使用了这种方式夸奖别人，你认为自己没有恶意，只是用错了表达方式。但实际上并非如此，你内心多少还是隐藏着一些恶意。

你内心中存在着一些犹豫、矛盾，让你不能坦率地夸奖对方。如果夸奖了对方，自己似乎就会损失些什么，自己似乎就会变得不如对方。某种恐惧或是嫉妒存在于你的内心，否则你不可能使用“××这方面，还不错”的表达方式。

总之，这类表达方式所包含的信息是“我知道你的优点，但是这些优点和我的比起来，根本不算什么”“我无法坦率地夸奖你，因为我觉得不服气”。

35 × 同样的话跟同一个人说好几遍

此处是 NG！

对方会认为“自己遭到了轻视”

○ **不要让对方觉得**

“我没把你看作特别的人”

“你只是众多人中的一员而已”

有些人会在各种各样的场合，与各种各样的人交谈。这些人需要注意，不要把同样的话跟同一个人说好几遍。这些人或许应酬太多，自己都记不清哪些话跟谁说了，跟谁没说，所以才会把同样的话跟同一个人说好几遍。如果对方听到好几次同样的话，会厌烦地想“唉，又开始说那件事了”。如果仅仅感到厌烦，还算是好的。麻烦的是，有些人会把这看作**“自己遭到了轻视”**。这是因为人们普遍不希望“别人忘记跟自己说过什么”，因为每个人都觉得“在对方眼中，自己是个特别的人”（即便在自己眼中，对方算不上特别的人）。如果对方连跟自己说过什么都忘了，显然代表着“对方并没有把自己看作特别的人”“对方只是把自己当作众人中的一员而已”。

当然，有这么强的被害妄想症的人并没有多少。但大多数人的心中都不免会因此掠过一丝悲伤和落寞。

特别是说话人还煞有介事地声明“这件事，我只对你一个人说”。人们一眼就可以看出来，说话人虽然嘴里说着“只对你一个人说”，实则已经跟许多人说了不止一遍。

希望对方记住与自己说过的话，这种愿望看似不合理，但这恰恰是我们大脑的本能活动。

36

× “这些话，我以前听你说过”

此处是 NG！
这句话容易引起对方的误解

○ **这句话的真实意思并不是“拒绝”，**
而是“这些话你已经对我说过了，请你记住”
“请把我当作一个特别的人看待”

上一小节已经介绍过，一个人如果听到好几遍同样的话，会感到不愉快，此时他便会说：“这些话，我以前听你说过。”这句话想传达的信息是“这些话你已经对我说过了，请你记住，请把我当作一个特别的人看待”。

然而，对方接收到的信息往往并非如此，而是“你这个人记忆力好差”“你说的话很无聊，我不想再听你说话了”。这会让对方觉得遭到了你的拒绝。

对方明明是为了被你接纳才与你说话，但却觉得被拒绝了，这类误解实在令人悲伤。

37

✕ 与别人商量、讨论之后，再问另一个人“我和 ×× 也商量过了，你的观点是？”

此处是 NG！

对方“被当作特别的人”的愿望落空了

○ 索性别告诉对方“我和 ×× 也商量过了”

“我想最先跟你说这件事”“我想最先和你商量”，每个人的内心都希望别人对自己说这些话，即便对方在自己眼中是个无足轻重的人。人们普遍都有一种不合逻辑的愿望：**即便别人在自己眼中不是特别的人，但自己在别人眼中必须是特别的人。**或许这其中包含着上下级、**“比较”**及**“竞争”**等情感因素吧。

因此，当我们听到“我问了 ×× 先生的观点之后，再来问你的观点”“我报告给 ×× 之后，再来向你报告”之类的话语后，不由自主地会感到郁闷、生气。虽然知道自己没有生气的理由，但还是不由自主地生气。虽然对方的本意是“你也是我信任的人，是我信任的几个人之中的一员”，但传达给你的却是“你在我眼中，算不上什么重要的人物”的信息。对方本来无心传达上述这样的信息，但往往会遭到误解。

另一方面，如果前面提到的“我问了 ×× 先生的观点之后，再来问你的观点”，其中的“×× 先生”是一位公认的优秀人物，是一个位高权重的人物，那么就等于把对方和“×× 先生”同等看待，这反而会让对方觉得“我受到了格外的重视和信任”。

38

× 听别人说话时，双臂抱在胸前，
听别人说话时，皱眉头

此处是 NG！
这些是表示“拒绝”的姿势和表情

○ 除非想进行自我防卫，
否则不要做出这些举动

当我们想给别人留下沉着、稳重的印象时，会不自觉地将双臂抱于胸前，或者皱皱眉头。对方或许会觉得你是个沉稳、充满智慧的人，但同时会强烈地感到被“拒绝”。因为这些姿势和表情传达的信息都是**“不要靠近我！”**。

如果你想通过传达这些信息保护自己，这些姿势和表情都很有效。但如果你对谁都采用这样的姿势或表情，那么请不要抱怨“为什么大家都对我敬而远之？”“为什么有人背地里说我傲慢自大？”。因为这是必然的结果。

39

× 自己说话或听别人说话时
无缘无故地浮现笑容

此处是NG！
对方会觉得“自己遭到嘲笑”

○ 在严肃、认真的谈话中
不要采取这样的举动

有些人在说一些比较严肃认真的事情时，脸上会时不时地浮现出笑容。这种笑容与谈话内容无关，可谓是无缘无故的笑容。这种笑容可能是为了缓和气氛，也可能是讲话人略感紧张。总之，看到这种笑容之后，倾听的人往往觉得自己“遭到了嘲笑”，而讲话人完全意识不到这些，反而纳闷“自己为什么不受欢迎”。这是人际交流中的一种典型的误解。

另一方面，听别人讲话时，脸上浮现出无缘无故的笑容，也是同样的结果。讲话人会心生不快，心里想着“请认真听我讲话”。即便你浮现笑容的初衷是“我不是你的敌人”“请你不要讨厌我”，但讲话人看到这种笑容后，往往觉得自己被**“嘲笑”**了。

40

×

几个人聚在一起，压低声音或兴高采烈地交谈

此处是 NG！

未能参加交谈的人会感到“被孤立”，或者觉得“他们在说自己的坏话”

○

与特定的几个人聚在一起，就表明“我是这个团队的一员”

几个人聚在一起压低声音或兴高采烈地交谈，这种行为本身就会给周围未能参加谈话的人造成**“孤立感”**。特别是团队中的某人或某几个人，时不时地偷瞄一眼旁边的人；或者当某个人靠近团队后，谈话戛然而止，那么这个人必定会觉得“他们在说我的坏话”。

并非只有这个被孤立的人受到伤害，实际上团队中的人也会遭受损害。假设你是团队中的一员，那么你传达给团队以外的人的信息就是**“你（你们）不是我的同伴”**。

总之，如果你和某人变得特别亲密，就会丧失和另外某人变得特别亲密的机会。这是人际交往中的基本规律。

41

✕ 应该说的话不及时说

此处是 NG！

如果连社交辞令都不会说，纯属不够格

○ 社交辞令是必须说的

本书主要针对人们在交流时容易引起误解的语言进行解说。这些语言会在无意（其实并非无意，而是稍有意图）之间让自己和别人产生隔阂，或者让别人产生孤立感。而实际上，观察现实生活中众多交流中的矛盾，就会发现很多矛盾、误解并非来自不必要的某句话，而是来自“应该说的话，不及时说”。

· 不向别人打招呼。

· 不向别人行礼问候。

· 不向别人及时道歉。

· 不向别人表示赞同。

· 不向别人表示安慰。

· 别人病了，没有问候的话语。

· 别人不幸，没有同情的话语。

· 别人很劳累，没有慰问的话语。

· 不询问别人近来可好。

· 不向别人表示祝贺。

· 不向别人表示赞赏。

· 不向别人表示感谢。

· 不及时回复信件、贺年卡、电子邮件。

· 不向上级汇报工作经过、工作结果。

假设，你的家庭遭遇不幸，你非常沮丧失落，此时如果有人简单地对你说一句“太可惜了”，对你都是莫大的安慰。但有时人们并非不想安慰，只是一时找不到合适的话语，时间就不知不觉地过去了。但你不知道这些，只会认为周围的人“没有同情心”。

有些很会说社交辞令的人，往往被周围的人视作“只是嘴甜而已”。然而，即便这些社交辞令并非发自真心，也总比什么都不说强许多。因为**社交辞令是必须说的**。在此基础上，再审视是否发自真心，发自真心的程度有多深。

因此，如果连社交辞令都不会说，这个人纯属不够格——没有与人交流的资格。

例如，你细心周到地照顾、帮助一个人，但对方连一句感谢的话都没有。你心里肯定会想：“这家伙怎么回事？他（她）以为自己是谁？哦，看来他（她）根本不需要我的帮助啊。”

因此，如果连最基本的社交辞令都不说，就等于向别人传达如下的信息：

“在我看来，你是个无关紧要的人。”

“我靠自己的力量活得很好。不需要你的帮助。”

“我讨厌你。”

实际上，**连最基本的社交辞令都不说，也是一种用来向对方传达强烈的拒绝、诀别的常用方法**。因此，如果你在日常交流中欠缺社交辞令，那么别人就会在你身上接收到上述的信息。即便你的本意并非如此。

其实只要静下心来仔细回想，你就会发现：自己在与众多人的关联之中，得到了众多人的帮助，才一路生活到现在。如果你不在乎、不留意这些，就会不知不觉地认为仅凭自己的力量生活着。所以，你才会渐渐地忘记说社交辞令吧。

第2章

长辈、上司面对晚辈、属下

42

✕ "× × 做得很好"

当着属下或孩子的面，夸奖别的属下或孩子

此处是 NG！

对方会觉得自己遭到了否定

〇 要避免说这种话，

否则对方心里会不断地积累小的怨恨

或许你觉得眼前的这个人比 × × 更值得夸奖、信任，于是你随口说了一句"× × 做得很好"。你只是想用 × × 衬托眼前的这个人。但即便如此，传达给对方的信息却是"你做得不好""你做得不如 × ×""在我眼中，你根本不值一提"。

在自己朋友面前，夸奖另一位朋友，也是同样的结果。

其实，你说这句话的瞬间，心里十分清楚对方会受到伤害。这是你针对对方的小小的报复，因为你有一些平时说不出口的怨言。

所以，"× × 做得很好"这句话包含的另一层意思是"不要小看我""你需要尊敬我""你需要重视我"，而且这一层意思必定会被对方接收到。

说“××做得很好”的一方，说完之后觉得很痛快，很快就把这件事忘了。但听的一方却不会轻易忘怀，他或许也会寻找机会小小地报复一下。这样的言语日积月累，一个领导很可能最终会被自己信赖的属下背叛，这样的例子比比皆是。

43

✕ “你好好努力的话，也能像 ×× 一样”
“你应该好好向 ×× 学习”

此处是 NG！
传达给对方的不是“激励”，而是“否定”

○ 激励、鼓励别人的时候，
不要让对方感受到“比较”或“优劣”

“你好好努力的话，也能像 ×× 一样”“你应该好好向 ×× 学习”，是领导、老师、家长经常用来激励属下、学生、孩子的话语。

但我们需要牢记一条原则：**激励对方时，即便是无意间夸奖了另外的某人，对方也会觉得自己遭到了否定。**当人们听到另外的某个人被夸奖的一瞬间，就会自动地开始比较“那么和他（她）相比，我怎么样呢？”。

更何况是故意与某人进行比较，被比较的一方当然会更强烈地感到“遭到了否定”。如果“××”里面的人是铃木一郎①、宫里蓝②，那么还好说。如果“××”里面是倾听者的竞争对手、朋友、兄弟姐妹，那么倾听者八成会对讲这些话的领导、教师、家长产生小小的反感。同时那些做比较的竞争对手、朋友、兄弟姐妹，也会成为倾听者反感的对象。总之，倾听者接收到的信息是："现在的你很差劲，根本比不上 × ×。"

当然，也有很多人在听了这些话之后发奋图强。因此，过去在日本，上司经常故意煽动属下们的竞争心理，让他们在竞争中更出色地完成工作。所以在现在的日本，位于上司、领导等职位的人，都是当年受到激励后发奋图强的人。因为他们的这种性格，他们才走到了今天的位置。但是，这些上司和领导也需要注意，世上不光只有他们这种性格的人。

① 铃木一郎：日本家喻户晓的棒球明星，曾效力于美国职业棒球联盟的西雅图水手队。

② 宫里蓝：日本著名的女子高尔夫球运动员，曾获得 2005 年的高尔夫球女子世界杯冠军、LPGA 资格赛冠军。

44

✕ 先说一句"我是为了你好，才这么说"，然后责备对方

此处是NG！

对方轻易就能看出"不是为了我好"

○ 不要拐弯抹角，有话直说反而不会令对方不愉快

先说一句"我是为了你好，才会这样说"，然后责备对方。这是家长、上司常用的说话方式。如果真的是为了对方着想，那么对方自然能够感受到。然而，以"我是为了你好，才会这样说"开头的大部分话语，并非真正的"为了你好"，而是"为了我好"。对方迅速就能察觉到这一点，心里自然不痛快。

总之，"我是为了你好，才会这样说"包含的真实意思是"我说这些责备你的话，你可不要怨恨我呀。如果你怨恨我，就是你的不对"。

与其如此拐弯抹角，不如直说"你的这种做法，让我很不愉快，请尽快改正"。对方反而觉得简洁明快，不觉得厌烦。

45 ✕ 当着众人的面，训斥某人

一般不要采取这种方式。除非有意为之，想借此给众人造成某种影响。

46

✕ 随意下定论"你没有××"

47

✕ 不假思索地随口说"这件事你办不成"

此处是NG！
这些话令对方很难堪

○ 不要说对方"不具备什么""做不到什么"，应该告诉对方"具备什么""做得到什么"

"你没有声望""你没有耐心""你没有团队意识""你没有营销才能""你没有色彩感觉"等，上司、家长、教师随口说的一句话，真的有可能把对方变成没有声望、耐心、团队意识、营销才能的人。

如果你的初衷是帮助对方选择合适的发展道路，那么不要谈论他（她）不具备的能力，而应谈论他（她）具备的能力。

一般情况下，自己不具备什么，无须外人指出，当事人是最清楚的。外人特意将这些一一指出来，当事人八成会想“这个人是要挖苦我啊”。

另外，“这件事你办不成”这句话也是同样的道理。如果是经过深思熟虑，综合分析对方的能力、状态之后，才说出这句话的，那么这也算是一种劝人的方式。

然而，最成问题的是，未做任何思考，不假思索地随口说“这件事你办不成”。听到这句话的人会**严重丧失自信、深感无力**。

那么，上司、家长为什么要说这种话呢？这是因为说这种话的人心怀**“不安”**。

由于自己心怀不安，说话时会过度地逼迫自己的属下、孩子，这种情况时常发生。而这种说话方式真的会将自己和对方都逼入绝境。

48

× “你令我很失望！”

此处是 NG！

这是放弃对方时的用语

○ 不要使用这句话，除非你真的想放弃对方

我们看外国电影的时候，幕后老板常说的一句台词就是“你令我很失望！”。这句台词都是幕后老板对下属发出的最后通牒。一般说完这句话，幕后老板就会解除手下的职务，也就是说“你没有机会了！”。

如果你明知道后果，还故意使用这句话，或许是真的要与对方“分手”。如果并非如此，除非万不得已、真的要放弃对方的时候，请不要使用这句话。

49

× “你能帮我把这个做一下，我会非常高兴”
吩咐属下做事时，表现得过于殷勤

50

× 生硬地吩咐属下
“赶快把这个做好”

此处是 NG！
这些都是用语言掩饰自己的不自信

○ 吩咐属下做事时，应采用平直的语言，
不要说与工作内容无关的话

“你能帮我把这个做一下，我会非常高兴”以及“赶快把这个做好”看起来是两种截然相反的表达方式，但这些都是命令属下做事时的错误做法。而且，这两种错误的说话方式，其实都源于同一个原因。

这个原因就是发出命令的上司不自信。要么是对工作内容没有自信，要么就是觉得属下不尊敬身为上司的自己。

过于殷勤地吩咐属下做事情，这样的上司或许本意是想表达“我是个通情达理的上司”，但大多数属下心里反而会想“这个上司真是啰唆、烦人”。

另一方面，有些上司见到属下后立即就下命令，连招呼都不打，甚至连属下的脸都不正眼看一下。这样的上司其实往往是害怕被属下拒绝，害怕看到属下不满的面孔，害怕自己的权威受到威胁。

属下往往会对上司察言观色，其实上司交代事情时也会留意属下的反应。如果属下回应时表情不悦，上司也会感到一种“不安”，觉得自己的存在价值受到了威胁。因此，有的上司命令属下时显得格外殷勤，有的上司则蛮横地命令属下，这些举动全都是为了避免直接面对属下的反应。

因此，本来不带任何感情色彩的工作指示，被附加了**“请你尊敬我”“请不要损害我的面子”**等信息。这让上司与属下的交流变得愈发复杂。

51

✕ “我跟你说过了”

“要我说多少遍，你才能明白？”

此处是 NG！

只说一遍的话无法传达给对方

○ **如果想让语言转化为行动，**

需要说 50 至 100 次，每天不停地传达才可以

“我跟你说过了”“要我说多少遍，你才能明白？”，这种表达方式并非不能使用。如果你认为“我说一遍，别人就应该明白，并且照着做”，那么你最好放弃这种想法。

无论是你说的话也好，其他人说的话也好，**对方不可能只听一遍就明白，并且照着做**。这是人之常情。特别是话语中包含着新的行为方式、新的思维方式，就更不可能只听一遍就明白。你本人应该也是如此。

有一位企业家说：“至少要说 50 至 100 次，而且需要每天不停地说。”话语浸透到身体里，自然而然地转化为行动，就是需要花费这么长的时间。说话者要持续不停地将自己的话传达给对方，直到真正传达给对方为止，这也是说话者的义务。

52

✕ 以成熟的口吻说“你还是太年轻”

此处是 NG！

反而暴露出说话者的不成熟

○ 如果对方因为年轻，犯下某些错误，
请具体地将错误指出

越是把“你还是太年轻”当口头禅的人，越是觉得自己是成熟、明事理的上司、教师、家长。这是问题的关键点。

“你还是太年轻”这句话，传达给对方的信息则是“你还不够成熟”“跟你比起来，我更明事理”“你不要过多发表意见”。

因此，经常以“你还是太年轻”为口头禅的人，当他们向别人提议“请大家自由地发表意见”的时候，却没有人会站出来发言。于是，他们往往会陷入孤独的境地。

如果对方因为年轻、经验不足而犯下某些错误，那么究竟是什么错误？请将这个错误具体地告诉对方。

53

✕ 没仔细听，就立刻回答“好的，好的”

此处是NG！

对方会感到自己遭到了拒绝

○ 想听还是不想听，不要表现得模棱两可

没仔细听，就立刻回答“好的，好的”。这也是那些自认为明事理的上司常用的说话方式。这种说话方式传达给下属的信息是“不要继续说了”“我不想听这些”。下属自然会感到自己遭到了拒绝。

即便下属没感到被拒绝，听到上司回答“好的，好的”，下属会认为自己的话都传达给上司了，但事后却发现上司根本没仔细听，这也会令下属对上司产生不信任感。

但另一方面，说话的一方也有问题。因为他们认为“别人应该自始至终地把自己的话听完”。然而，在职场和商务场合，你既然占用了对方的宝贵时间，就应该条理清晰地讲话，并且所讲的内容要有价值。只有这样，你才有资格要求对方自始至终地仔细听完。

54

✕ 不表扬别人

此处是 NG！

有些人做出成绩得不到表扬，会积累不满情绪

○ 如果心里想着“干得不错”，就不要藏在心里，直接告诉对方

有一些工作能力特别强的人，他们并不期待上司经常表扬自己。当这些人成为上司之后，有时心里想着“这个人做得不错”，但往往不会直接表扬。然而，如果做出成绩却得不到表扬，大多数的人会逐渐积累不满的情绪。

其实，不表扬人的上司也有自己的苦衷，他们认为如果自己表扬了下属，那么自己就会受到威胁。但实际上，表扬别人才最能显示“我是你的上级”这种上下关系。

另一方面，如果换作老师、教练、家长，那么毫无疑问，即便学生、孩子做得不算太好，也应该充分地表扬他们。因为经常表扬非常有助于学生、孩子的成长，这样的例子不胜枚举。

55

✕ 不批评别人

此处是 NG！

比起对方的成长，更在乎如何保护自身

○ 不批评别人，不会被别人“讨厌”，但会被别人“轻视”

与其说是“不批评别人”，不如说是**“无法批评别人”**更确切。近些年，这样的家长、上司、教师似乎越来越多。因为他们害怕批评了别人，会被别人讨厌。比起别人的成长、整个团队完成目标，显而易见，这些人更注重保护自身。

一般来讲，需要批评时却无法批评别人的上司或家长，不会被下属或孩子讨厌，但会被轻视。我们需要明确的一点是，受别人爱戴与不批评别人，完全是两码事，两者之间没有任何的联系。

56

× 通过对方的同事、下属，传达自己的指示

57

× 无视中层的管理人员，直接命令下属的下属

此处是 NG！

这些都会令对方难堪、没面子

○ 没有特殊的理由，不要这么做，

除非是为了故意显示自己的权威

通过对方的同事、下属，传达自己的指示。大部分人大多数情况下之所以这么做，仅仅是因为自己想起某件事情时，随便找个身边的人代为传话。如果频繁地这么做，不知不觉中你就会变成“不被下属喜爱的上司”。

这是因为被传话的一方会很难堪、没面子。

一般来讲，这种方法经常用来显示自己的权威，或者故意整治、疏远某位下属。

还有一项需要注意的是，无视中层的管理人员，直接命令下属的下属，也就是跳过公司内的正常程序或中层管理人员，直接向最下层的下属下达命令。

在上司眼中，这些人都是自己所管辖的下属，没有任何区别。但中层的管理人员们会感到非常难堪、没面子。

因此，有些上司为了整治中层的管理人员，会故意采用这种做法；或者某个上司如果不信任中层的管理人员，也会选择这样做。

无论出于何种原因，那些被忽视的中层管理人员也会伺机进行报复。上司们可不要忘记这点。

第3章

晚辈、下属面对长辈、上司

58

×　当上司催促工作时，回答“我知道”“我刚才正要做”

此处是 NG！

这些都表现出对上司的拒绝、轻视

○　应该回答“好的”“我明白了”，或是“抱歉，我马上就办”

有一些人通过说“我知道”“我刚才正要做”，来向对方表达“我很聪明”“我是正确的”“我很优秀”。我认为这种做法很奇怪。

显而易见，听到“我知道”“我刚才正要做”之后，对方接收到的信息只有一个：“好烦！快闭嘴！”无论你这样说的初衷是什么，都会让对方感到**“拒绝”**和轻视。因此，“我知道”“我刚才正要做”这种话语，才会在办公室用语手册中被明确标注为不可以对上司、上级、顾客使用的话语。

你又不是一个处于叛逆期的初中生，所以当上司催促工作时，即便你万分清楚要做的事情是什么，即便你已经快把事情做好，只需简单地回答一句“好的”“我明白了”或者“抱歉，我马上就办”，不就可以了吗？这种回答方式才是有常识、明事理的成年人的回答方式。

59

×　上司说话之后立刻反驳

此处是 NG！
这等于表明对方有错误

○　如果这个错误必须订正，可以事后找机会进行解释

即便上司所说的话有错误，即便工作上的失误是别人造成的，总之当着上司的面暂且回答“好的，非常抱歉”，这才是受上司喜爱的下属的回答方式。大家回想一下高档酒店的服务人员的应答方式，就会明白其中的道理了。

大多数情况下，如果上司所说的话中有错误，事后不久上司自己也会意识到。如果这个错误会造成重大的损失，那么可以事后找时间向上司解释。

总之，无论你是正确的还是错误的，如果当场反驳，这种反驳的行为本身就会**传达给上司如下的信息：“我是正确的，你是错误的。”**而所有人都不希望别人指出自己的错误。

而且，这些所谓的错误，其中的 95% 以上都是无关大局的小错误，根本没有必要当场一一解释、一一订正。

60

✕ 用“真不错”“干得好”等话语，夸奖上司

此处是NG！

“进行夸奖的人是上级”“被夸奖的人是下级”

○ 用“我应该多向您学习”等话语表示尊敬

如果你用“真不错”“干得好”等话语夸奖上司或客户，并且认为这是对他们的恭维，那这实在是大错特错的。归根结底，夸奖对方实际就是**“评价”**对方。进行夸奖的人因为清楚对方的优点和长处，所以是进行评价的一方。也就是说，**如果把夸奖的人与被夸奖的人放在一起，进行夸奖的人总是处于上级，被夸奖的人总是处于下级。**

如果是一位穿戴时尚的女员工夸奖男上司的领带很别致，那么就另当别论。（因为仅以时尚品位做比较，这位女员工位于男上司之上，这是双方都心知肚明的。）可如果男上司换作一位精于时尚穿戴的女上司，那么女员工就不可以用“真不错”等话语来夸奖她的着装。女上司表面上笑着回答“谢谢”，但背后很可能会小声抱怨“这家伙真傲慢”。

在这种场合，正确的夸奖话语是“您总是穿得这么雅致，我应该多向您学习”。这样的下属才更受上司喜爱。

此外，一些单纯表示感谢的话语也适合下属用来夸奖上司。

上面只举了一个夸奖上司着装的例子就已经如此复杂，如果换作夸奖工作，则需要更注意。例如，上司询问下属：“这件事，我做得怎么样？”下属心里觉得很好，嘴里随便回答：“干得好。”那么这位下属很可能会被上司渐渐疏远。

另外，有些下属并非不知道上述的道理，而是故意对上司进行“小小的报复”。他们故意找机会夸奖上司，借此让自己暂时处于上级，体会片刻的优越感。因为每个人内心里其实都有“自己是最棒的”想法。

如此看来，上司真的是轻易夸不得啊。有的领导嘴里说着“领导也需要表扬啊”，但如果真有下属笨拙地夸奖他，领导立刻就会勃然大怒。所以，下属越是优秀，上司就越得不到夸奖。上司们还是趁早放弃自己想被夸奖的愿望，将它转化为夸奖下属的动力吧。

61

✕ “如果你非要这么说，就这么办”
“好吧，就听你的”

这些表达方式都是批评对方、让对方承担责任的表达方式。换言之，这些表达方式向对方传达的信息是“最终结果如何，跟我没关系”“不要让我承担责任”。

另外，这些表达方式还包含着另外一层意思，那就是“我比你更优秀”“我知道是你错了”。

62 ✕ “哎？”“什么嘛！”“知道了，知道了！”

这样的回应方式尤其不应对自己的上司或长辈使用。这样的回应方式传达给对方的信息只有一个：“我认为你无关紧要。”

如果明知道这些，还故意使用这样的回应方式，那么就是想小小地报复一下对方，或是想略微展示一下自己的权威。自尊心和自身能力不成比例（当然，是自尊心远大于自身能力）的人，往往容易这样做。大家觉得呢？

63

上司刚布置完工作任务，
立刻拒绝：“这怎么可能做得完！”“我做不完！”

此处是NG！
这些话让工作任务从一开始就不愉快

反正工作任务不得不承担，
索性一开始就愉快地接受

上司刚刚布置完工作任务，有些人立刻就拒绝：“这怎么可能做得完！”“我做不完！”一般来讲，工作能力较强的员工、竞争意识较强的员工，经常采用这样的表达方式。经常采用这样的表达方式。这些员工虽然嘴上说着“这怎么可能做得完！”“我做不完！”，却在背后拼命努力，想尽办法把工作任务完成。总之一句话：他们实在是费力不讨好！既然终归要由你完成，何不从一开始就愉快地接受？

话说回来，“这怎么可能做得完！”“我做不完！”这种回答方式，倒是可以很好地强调“看我工作多努力。看我多优秀。如果不是我，怎么可能完成这样紧迫的任务？”。然而，即便这样强调之后，上司也不一定特别喜爱你。

64

向上司提建议：

“大家都很劳累”

“我虽然不觉得什么，但大家很累”

“您最好别和大家说这种话”

此处是 NG！

这些话实际是强调说话人的劳累，上司会觉得说话人很“碍眼”

坦率地告诉上司

“我很劳累”

“我是这样想的”

有些人或许想充当同僚们的救世主，跑到上司面前说：“大家都很劳累”“我虽然不觉得什么，但大家很累”“您最好别和大家说这种话”。但上司只会觉得提建议的这个人很烦人、很碍眼。因为这些建议传达的意思简而言之就是：“我们大家都是受害的一方。**上司是施害的一方。**”

这里有一个关键点需要明确，那就是上司非常孤独，比下属们想象得要孤独许多。**而且，上司也认为自己是受害的一方，下属们才是施害的一方。**上司其实也希望有人能帮助他。

其实提建议的人真正想传达的信息是“大家怎么样与我无关，其实是我很劳累”或者“我是一个公正、有勇气的人，请你认可我”。当然，他的这些信息是不会被上司接收的。

65

✕ 早上见面，不问候上司，不向上司进行工作汇报

此处是 NG！
这表明对上司的轻视

〇 特别是在下属与上司之间，问候、感谢的话语等，必须说出来

特别是在下属与上司之间，早上见面问候等必要的话语，必须说出来。这对于维持关系很重要。见到上司不打招呼、不问候，或者问候时不抬头，或者坐在椅子上问候，仅凭这些，下属就有可能被降职或左迁，当然表面上会冠以其他的理由。

另外，不感谢、不道歉、不汇报工作经过、不汇报工作结果等，总之就是应该向上司说的话都不说或者说得不及时，都会向上司传达如下的信息："我不认可你这个上司。**我不重视你，认为你无关紧要。**"即便你这样做是因为紧张或害怕上司，最终效果也是一样的。另外请不要忘记，上司也在时刻关注着"下属们究竟是怎样看待我的"。

66

✕ 用更上层的上司的话当盾牌：“主管是这么说的”“领导是这么说的”

此处是 NG！

这些话语都是威胁、轻视对方

○ 引用权威人士的话是常见的方法，但这会让对方产生厌恶

“主管是这么说的”“领导是这么说的”，你说这些话或许只是在自我保护，但传达给对方的却是强烈的**威胁**——“你错了”，还有就是明显的**轻视**——“在我看来，你根本不算什么”。

为了证明自己观点的正确性，于是引用别人的话语或者引用权威人士的观点。这种方法十分常见。但这种方法也是让对方厌恶你的最有效方法之一。

67

×

“辛苦、辛苦”“您真是努力啊”

“您来得真好”

“我赞成”“你”“我知道了”“不好意思”

此处是 NG！

这些表达方式，都属于评价对方、轻视对方、否定对方的表达方式

○

“欢迎您”“您说得对”

“我明白了”“我懂了”

“非常抱歉”

“辛苦、辛苦”“您真是努力啊”“您来得真好”“我赞成”“你”“我知道了”“不好意思”，以上这些表达方式都不适合对自己的上司、长辈使用。

“辛苦、辛苦”，一般是对付出较多的劳动者所说的话。所以一般情况下，对自己平级的人、晚辈也不要使用“辛苦、辛苦”。对自己平级的人、晚辈，使用“你辛苦了”“多谢你出力”等就可以了。而上述的这些话语，对于自己的上司、长辈来说，在本质上就不适用。

对上司说“您真是努力啊”，也是不对的。即便话语中有

“您”表示尊敬。因为“努力”这个词本身就带给人“尽力做得超出自己实力”的印象。另外，“加油”“努力奋斗”“干得真不错”等话语，全都属于**评价的一方所说的话语**。而评价的一方往往处于上级。

“您来得真好”也不是对上司、长辈的正确用语，应该说“欢迎您”。

“我赞成”“我也是这么想的”这些表达方式，也是对自己平级的人、晚辈常用的表达方式。对上司、长辈，必须使用“您说得对”。

“你”，显而易见，经常用来称呼自己平级的人或晚辈。称呼上司、长辈时，需要用“您”。

“我知道了”，虽然算不上错误，但略微给人一种**傲慢自大的印象**。回应上司、长辈时，最好采用“我明白了”“我懂了”。

另外，工作上犯错误后，对上司说“不好意思”，虽然算不上错误，但道歉的诚意并不充分。郑重其事地承认错误“非常抱歉，是我的错误”，才是成年人成熟的道歉方式。

以上纠正了几种错误的表达方式，这些表达方式都不应该对上司、长辈使用。如果无意间对上司、长辈使用了这些表达方式，就会向对方发出“我不认可你这个上司，我比你厉害”等信息。

实际上，使用这些表达方式的人绝非纯粹的无意为之。他们心中多少会有一些想法——大概想着“我也非常优秀”“实际上，我比你更了不起”。可见，**比起否定对方，他们更专注于凸显自己**，所以才会无意间使用了这些表达方式。而听到这些话语之后，对方则根据**“比较”“竞争”**的原则，把这些话语认定为对自己的否定。

68

× 和上司说话时，不使用敬语、礼貌语

此处是NG！

这代表对上司的轻视

○ 即便和上司很熟络，该使用敬语、礼貌语的时候，必须使用

即便上司对你说“你就把我当作朋友一样对待”，但是你也千万不要真的像跟朋友说话那样与上司说话。

“你就把我当作朋友一样对待”，并非表示真的可以与上司像朋友那样口无遮拦地交谈。例如，如果你发现上司所下达的指示有明显的错误，可以事后找上司询问：“非常抱歉。我记得您是这样说的，是否是我记错了？”以上的措辞可以换成“您是否是这样说的？”这种表述方式已经算是把上司当朋友对待了。把上司当朋友对待，并非表示以上的措辞可以换成“你刚才这么说的，对吧？”。

总之，在应该使用敬语、礼貌语的地方，仍需要一丝不苟地使用。对上司不使用敬语、礼貌语，就相当于传达如下的信息：**“我丝毫不尊敬你。**在我眼中，你根本不算什么。”

69

× 把敬语和自谦语弄混淆

此处是 NG！

敬语用在长辈、上司身上，自谦语是对自己用的，表示谦逊

○ 准确使用敬语和自谦语

面对长辈、上司，说话时故意不使用敬语和礼貌语。毫无疑问，你传达给长辈、上司的信息就是“我不认可你这个长辈（上司）”。

然而，有些人和长辈、上司说话时，竭尽全力地注意礼貌规范，往往适得其反。他们传达给长辈、上司的信息也是“我不认可你这个长辈（上司）”。这是因为这些人没有正确使用敬语。

这些人并非不知道哪些是敬语。大多情况下，**他们是将敬语和自谦语混淆了**。（顾名思义，敬语是向对方表示尊敬的话语。自谦语是自己表示谦逊的话语。）下面列举一些常见的例子：

×“您想尝尝咖啡，还是尝尝红茶？”

○“您想品尝咖啡，还是品尝红茶？”

（“尝尝”最好用在自己身上；对长辈、上司应使用“品尝”。）

×“这是您昨天汇报的文件。”

○“这是您昨天指示的文件。”

○“前几天，我汇报的文件就是这个。”

（“汇报”应该用在自己身上，表示谦逊，不应该用在上司身上。）

×“关于这件事情，请您请示销售部的佐藤。”

○“关于这件事情，请您问一下销售部的佐藤。”

○“关于这件事情，我能否请示一下上司？”

（“请示”应该用在自己身上，表示谦逊，不应该用在上司身上。）

×“明天，您守候在公司吗？”

○“明天，您在公司吗？”

○“明天，我一整天都在公司守候。”

（“守候”应该用在自己身上，表示谦逊，不应该用在上司身上。）

×“能否在明天之前，请您拜读一下这份报告书。”

○“能否在明天之前，请您浏览一下这份报告书。”

○“好的，我拜读一下。”

（“拜读”应该用在自己身上，表示谦逊，不应该用在上司身上。）

×“新员工来了，您想拜会一下他们吗？”

○“新员工来了，您想会见一下他们吗？”

○“我刚才去拜会领导了。”

（“拜会”应该用在自己身上，表示谦逊；对上司使用“会见”才对。）

本书的主要目的并非罗列正确的词语用法、正确的办公室用语，所以，仅列举上述的若干例子。如果大家读到这里，担心自己用语的准确性，可以购买一些专门讲解办公室用语的书籍做参考。

第4章

夫妻、家人之间

70

✕ “我也非常劳累”
“我也很忙啊”

此处是 NG！
这些话语都表达出日常的不满

○ **不要只考虑自己的感受，**
应该相互体谅

“我也非常劳累”“我也很忙啊”，夫妻之间互相抱怨“自己才更劳累”，相互推诿家务。这种现象在夫妻之间很常见。这些话语背后隐藏的意思实际上是自己并非劳累到无法做家务，只是觉得自己比伴侣做得更多，而且自己对伴侣日常的态度心怀不满，认为他（她）应该更加关心、体谅自己。

进一步来说，夫妻双方想向对方说的是“请更加认可我所做的事情，请更加认可我这个人”。

如果换成同事或同学，相互之间一般会相互鼓励、相互关照，有效地进行合作，让双方都获利。但在夫妻、家人之间，往往忽视了上述的方法，觉得家人之间无须如此。然而实际上，被伴侣、家人讨厌，才是最令人烦恼的事情。

71

× “反正跟你说了也没用”
“反正你就是这种人”

此处是 NG！
这些话都是将自己的不满抛给对方

○ **为了让对方体谅自己，用消极的语言刺激对方，这种方法不可取**

父母与孩子，或者夫妻之间，往往会相互说一些刺激对方的话语。这类话语肯定不会用在外人身上，除非想激怒对方。“反正跟你说了也没用”“反正你就是这种人”，就是其中的典型例子。父母与孩子，或者夫妻之间说出这些话，若说他们心中没有恶意，也不尽然。说这些话的意图，毫无疑问是想让对方不愉快。

他们想传达给对方的信息是“我比你郁闷一百万倍，所以你也尝尝不高兴的滋味吧！”。**究其根源，这些其实都是来自日常生活中所积累的不满情绪。**

当然，其实他们真正想传达给对方的是“请你多理解我一些，请你多珍惜我一些”。如果对方的心灵足够宽广，会察觉到这些信息并全部接纳。但大多数情况下，对方也会觉得“我也想让你珍惜我，受伤的是我才对”。于是，对方便发起更猛烈的反击。

72

×

责备对方

“你一直以来就是这样！”

“你偶尔做一下 ××，难道不可以吗？”

此处是 NG！

不断避免请求对方做事情，最后变成责备对方

○

如果对家庭内的分工感到不满，

可以随时坦率地提出来

或许你觉得自己在家庭中承担的家务劳动更多。虽然自己做得更多，伴侣却不积极分担自己的重担。你希望伴侣时不时也说一句“我帮你收拾桌子吧”或者伴侣时不时地主动洗衣服、刷鞋。

其实这种情况下，你只要简单地请求伴侣“今天，你收拾桌子吧”，就可以了。但你更多地选择忍耐，忍到忍无可忍，最终爆发，大声地责备伴侣：“你一直以来就是这样！”“你偶尔做做家务不行吗？又不至于累趴下！”

如果伴侣的包容力足够强，会回答“哦，我没注意，对不起”，紧张局面会得以化解。但大多数情况下，受到责备后，伴侣也会反驳：“你那么凶干什么！”“你一开始直接跟我说，不就行了？”然后双方开始争吵。

为什么会发生这种情况呢？这是因为我们都不擅长请求别人做事情。我们会不自觉地在心里想着**“不要随便麻烦别人”**。但这并非因为不想给别人添麻烦，而是因为害怕遭到对方的拒绝，害怕遭到拒绝后自己感到不愉快。总之，我们往往认为：**被对方拒绝=自己的一切都遭到了否定。**

因此，我们尽量选择不请求对方，而是**想办法让对方自己察觉、领悟**。貌似很劳累地叹息几声，或者委婉地抱怨几句，借此想让对方察觉、领悟。如果对方仍然无动于衷，我们就会心生抱怨：“这个人，怎么丝毫没有同情心？”抱怨和怒气积累到一定程度，最终就会爆发。通过发脾气、责备对方的方式，让对方做应该做的事情。由此可见，**直到最后，我们仍在避免直接请求对方做事情。**

其实，我们想告诉对方的并非是让他（她）做某件事情，而是“请你更加珍惜我”。然而，通过发脾气、责备的方式，这些信息是无法传达给对方的，传达给对方的仅仅是“你好差劲”的责备。

73

突然之间命令伴侣
“快去做 ×× ！”“把 ×× 办好！”

此处是 NG！
命令对方会让两人产生上下级关系

不要在夫妻之间建立上下级关系

夫妻之间，用批评、责备的方式让伴侣做某件事情，是不对的。同样，生硬地命令伴侣做某件事情，也应该尽量避免。因为命令是上下级关系的一种交流方式。如果你命令伴侣“快去做 ×× ！”，那么你除了告诉伴侣做 ×× 之外，更重要的是强调“我是你的上级，我比你更厉害，你应该服从我”。

这些命令伴侣的行为，究其原因，是你希望告诉伴侣“请你更加认可我，请你更加珍惜我”。所以，命令伴侣的行为在某些男性身上更常见。因为他们认为“男人必须比女人优秀。自己身为男人，如果不占上风，就太没面子了”。

另一方面，有些女性认为“能够强力领导自己的伴侣才更有魅力”。但是，大概只有恋爱中的少女才会有这样的幻想吧。当然，近些年这样的少女也基本没有了。

所以，在夫妻之间建立上下级关系，这种想法不可取。有这种想法的人最终会失去自己真正追求的东西——无条件的爱。让伴侣坦诚接纳真实的自己变得遥不可及。

74

✕ “按道理，你应该 × ×”

此处是 NG！
用世间的大道理，责备对方

〇 夫妻、家人之间，不要用世间的大道理作幌子，应该把自己的要求坦率地告诉对方

“按道理，你应该 × ×”与前几个小节所讲的错误的说话方式一样，实际上想传达给对方的信息是“请你更加珍惜我”。

“按道理，你应该 × ×”之中的“你”，也可以被替换为“作为丈夫”“作为男人”“作为妻子”“作为父母”“作为孩子”。无论是哪种情况，**其特征都是举出某种大道理，以此来责备对方。而且这些大道理越是名正言顺、无可反驳，对方就会越发觉得恼火、不愉快。**

其实这种场合，直接坦率地告诉对方“我希望你做 × ×”或者“因为你不 × ×，所以我很伤心”。这样就可以了。因为在夫妻、家人之间，即便这个“× ×”是个不合情理、强人所难的要求，对方最终答应的可能性也会很高。

75

✕ 把自己的家人和别人做比较，“如果是 ×× 先生”“如果是我的爸爸（妈妈）”“如果是 ×× 的孩子”

在第 1 章中，我就已经阐述过，把对方和别人做比较，这种行为本身就会疏远你和对方之间的关系。

76

回答一句“以后再说”，然后不听对方说话

此处是 NG！

不听对方说话相当于无视对方

比起对话的内容，应该更珍惜对话这一行为

不听对方说话，与不做回答一样，都是最大程度地“无视”对方。人与人之间通过交流才能建立联系，而对话就是交流的手段。所以，如果不听对方说话，就等于表明不希望与对方建立联系；对方说话后不做回应，就等于表明要断绝联系。即便你这么做只是因为疲劳，但传达给对方的信息是相同的。

实际上，对方所说的话，或许只是不值一提的生活琐事、个人感受，所以你懒得听。可是，难道你希望家人把这些生活琐事、个人感受说给外人听吗?

人们通常认为，人与人交流时，对话的内容很重要。但在家人之间，对话的内容其实并不重要。家人之间进行交流，这一行为本身就具有价值；家人正在倾听自己说话，这个感受本身就具有价值。

77

× 一边做别的事情，一边听对方说话，听对方说话时，不看对方的脸

此处是 NG！

这种态度会让对方觉得“我没有被接纳”

○ 如果不想伤害对方，就应该避免这样的态度

本小节讨论的不是“说话的方式”，而是“听话的方式”。

在公司中，或许大家都明白下属不可以对上司做哪些事情。其实家人之间也有一些事情不应该做，却有不少人不清楚这些。

“一边做别的事情，一边听对方说话”“听对方说话时，不看对方的脸”，就是家人之间不应该做的事情的典型代表。如果这样做，说话者会强烈地感到不愉快。说话者会觉得“对方没有认真听自己说话”“在对方眼中，自己是个无关紧要的人”“自己没有被对方接纳”。

如果孩子跟家长说话时，家长总是“一边做别的事情，一边听孩子说话”“听孩子说话时，不看孩子的脸”。那么久而久之，孩子就会产生一种潜在的不安：“或许父母并不接纳我。”

夫妻之间也是同样的道理。“不看对方的脸”导致的负面情绪积累到一定程度，就会在某件事情上爆发，甚至发展到离婚也绝非耸人听闻。

那么，为什么我们明知会让对方不愉快，还采取这样的态度呢？这其中有很多理由，但一般情况下这么做都是有意为之，故意让对方不愉快。

也就是说，这是一种小小的报复，也是一种小小的欲望——让对方更加认可自己。因为自己没有如愿得到对方的认可，所以才用这种态度来报复。

另一方面，或许看了对方的脸，自己反而会先不愉快，所以才尽量不看对方。这样的情况也并非没有……

78

✕ 以放弃的口吻说
"你这个人，无可救药"
"你这个孩子，无可救药"

此处是 NG！
这些话语对孩子、对大人都会造成严重的伤害

○ 对外人不能使用这种语句，
同样，对家人也不能使用这种语句

"你这个人，无可救药""你这个孩子，无可救药"，只有极个别的上司、教师，对自己的下属、学生说这种话。除此以外，我们很少听到这样的话语。（因为大家都知道这种话语会严重地伤害别人。）然而，我们对外人从不使用这些话语，却会对自己的家人轻易地使用。

或许因为我们对家人感到失望，同时也对自己感到失望，所以才会使用这些话语。正因为与家人有割舍不断的亲情，我们才会轻易使用这些话语。而被这些话语责备的家人，他们所受到的伤害不亚于被外人责备，甚至比被外人责备更严重。（当然，也需要看责备时的语气及状况。）

一个孩子被父母责备“你这个孩子，无可救药”之后，不难想象如下的情景：孩子挠着头，一边呵呵笑着一边悲伤地想“我是个无可救药的孩子”“我是个什么都做不好的孩子”。其实，换成大人，受到的伤害也不相上下。

79

✕ 不夸奖对方

此处是 NG！
无法培养信任关系和亲情

○ 多关注对方好的方面，不要只关注对方坏的方面

在第 2 章“长辈、上司面对晚辈、下属”中，我们也讨论过相同的话题。如果家长几乎从不夸奖、表扬自己的孩子，那么基本上不要指望孩子能健康顺利地成长，不要指望孩子对家长产生牢固的信任及亲情。同样的道理也适用于夫妻之间。

然而，许多人能够很轻易地夸奖孩子，却从不夸奖自己的伴侣。妻子换了个新发型或花心思做了美容，但丈夫毫无察觉、无动于衷；妻子则整日把丈夫和别人家的丈夫做比较，认为自己的丈夫一无是处。

他们究竟为什么不能夸奖对方呢？其原因是：第一，他们根本就没仔细关注对方；第二，他们更多地关注对方坏的方面，而不是好的方面；第三，他们都竭尽全力地想自己得到夸奖，但从未想过对方需要夸奖。

80

✕ 不向家人表示感谢

此处是NG！
需要感谢的时候，就应该进行感谢

○ 无论双方多么亲密，
感谢必须用语言表达出来，才能传达给对方

在日常生活中，自己的家人为自己做了某些事情，似乎是“理所应当的”，因为自己同样也为家人做事情。所以，有些人认为向自己的家人表示感谢纯属多余。况且在婚丧嫁娶、搬家等重要的事情之后，有些人甚至也不对前来帮忙的外人表示感谢。

有不少女性的想法是如果丈夫向我表示感谢，那么我就向他表示感谢。然而，即便丈夫真的向她表示了感谢，她又会强调：“别光口头说，要落实到行动上、落实到物质上感谢我。”

换作男性，也有不少男性认为感谢的话语不用一一说出口，对方也能够明白。他们以此为理由，将自己不说感谢话语的行为正当化。然而，不论双方的关系多么亲密，如果不把自己的感谢说出来，感谢是无法传达给对方的。

81

× 不向家人表示关心、慰问

此处是 NG！

对方会积累不满情绪，认为自己“没有得到认可”

○ 对待家人，更需要亲切地、充分地进行关心、慰问

例如，家人说自己身体不舒服，有些人听到后不但不表示关心、慰问，反而说自己也不舒服，与家人互相比较谁更不舒服，或者责备家人“把身体搞垮，是你自己的过错”。当然，像上述那样把责备说出口的只是少数，但在心里责备的人却为数不少。

然而每个人都希望得到自己家人的认可。通过感谢的话语、赞赏的话语、关心慰问的话语，我们才会切实感受到“自己被家人认可”。我们往往很容易对外人表示关心、慰问，但同样的话语却很难用到自己的家人身上。这或许是因为家人之间的感情纽带更深。然而实际上，关心、慰问的话语即便不对外人说，也应该充分地对自己的家人说。

82

✕ 不和家人说“生日快乐”

此处是 NG！

生日被忘记，当事人会很受打击

○ 千万别不当一回事，家人过生日时，一定要说“生日快乐”

很多情况下，人们不是不愿说“生日快乐”，而是忘记说“生日快乐”。然而，生日被忘记的当事人受到的打击远比你想象的大。对你来说，或许是“无意之中忘记了”，但在对方看来，却是“你甚至可以无意之中忘记我的生日，可见我在你心中根本不重要”。

实际上，或许真的如此。如果是恋爱中的情侣，整日一门心思讨好对方，怎么可能忘记对方的生日？如果是每天欣喜地看着孩子茁壮成长的父母，怎么可能忘记孩子的生日？

如果你真的是不小心忘记了家人的生日，那么这并不代表你已经不喜欢他（她）了，但必须在事后花费大量精力传达“你是我最珍视的人”的信息，才能弥补忘记生日给对方带来的伤害。

83

不对家人说“喜欢”

此处是 NG！
这会成为不满情绪的源头

如果不好意思直接向家人说“喜欢”，可在各种合适的时机，向家人传达“喜欢”之情，这会让我们的人际交往变得幸福

在这一章中，我们以夫妻为中心，列举了家庭中常见的错误说话方式。这些说话方式会在家人之间产生不和谐、不美满的情绪。虽说是错误的说话方式，但其中大部分例子都是“应该说的话语没有说”。

这些“应该说的话语没有说”的行为，用一句话概括就是：**“没有积极的态度和意愿。”**没有向家人表示关心的意愿，没有取悦家人的意愿，或者有意愿却没有用话语表达出来。

这种欠缺会导致家人心生不满，而这种不满又会反映在这家人的社会生活的方方面面。家庭中不幸的人际交流会让这个人所有的人际交流变得不幸。

其实，我们每个人追求的并非什么千金难求、难以企及的东西。我们追求的只是家人有兴致把我们的话听完，说话时家人能抬头看看我们的脸，当我们丧失自信时得到家人的鼓励表扬，当我们悲伤时得到家人的关心慰问，还有就是一个真实的自己能够被家人接受。说得再简单一点儿就是自己好的方面、坏的方面，都能够获得家人的喜欢，并且家人用话语表达出这种喜爱之情。

“你这个人真是毫无长处啊，但我喜欢”“邻居家的太太真漂亮，但我还是最喜欢你”“你这个孩子，说多少遍都不听话，但妈妈（爸爸）最喜欢你”“老爸，你真是个烦人的大叔，但我喜欢”“老妈，你真是任性又啰唆，但我喜欢”。

或许你不好意思这么直接说出口。那么，在各种时机，向家人传达出“喜欢对方”的心意就好。如此一来，我们所有的人际交往一定会变得顺利幸福。

解说

读过本书之后，诸位读者大概已经明白，我们在日常交流中，并非对话语本身做出反应，而是对话语附带的某种意义做出反应。这些意义是我们自己附加到话语上面的；这些意义与当事人的成长经历息息相关。

例如，一个人在学校中经常受其他同学的排挤、冷落，那么，当有人问他“这个活动，你也参加吗？”的时候，他从这句话中感受到的意义很可能是“你不会真的要参加吧！我们可不欢迎你！”。

然而，如果换成一个在同学之中威望很高的人，那么当有人问他“这个活动，你也参加吗？”的时候，他肯定会毫不犹豫地回答“当然参加！”，即便提问的人内心不希望他参加。

由此可见，日常交流中的许多误解，均来源于话语中意义的不同理解。（很多情况下，当事人本人都并未意识到这一点。）

另一方面，其实更多的“误解”还来源于让话语附带过多的意义。

例如，简单的一句话“把那支圆珠笔递给我”，其中就可以附加上“我是你的上级”的信息，而且在更深层次中，还包含着“请你更加尊敬我”的意愿。

相反的，即便某人单纯地说“把那支圆珠笔递给我”，有些人也会从这句话中感觉到自己似乎被当作下属使唤，于是粗鲁地将圆珠笔扔给对方。

可见在平淡无奇的日常对话中也上演着各种各样的攻防对抗，即便对话的当事人都没有察觉。

上述的“话语”与其所附带的“意义”之间的关系，往往因人而异。但有一些话语与意义的关系，出现的频率很高，也就是有一些常见的关系。本书就是针对这些常见的话语中的“意义”，进行了解释说明。当然，并非所有话语的意义都适用于所有人。而且，根据交谈时的状况不同，话语的意义也会发生改变。但一般来讲，有一些相对固定的“话语与意义的关系”，这些关系在各种各样的交谈中成了小矛盾的导火索。

这些容易引发矛盾的意义有不少固定的模式。现在将它们列举如下：

1. **普遍化**（你这个人，没什么特别之处。）
2. **贬低**（你这个人，根本不值一提。）
3. **差别化**（我和你不一样。）

4. **比较**（你不如我，或者你不如某某人。）

5. **上下级**（我是你的上级。）

6. **胜负**（我比你更优秀、更厉害。）

7. **评价、忠告、批评**（你做得不够好。）

8. **怀疑**（你这个人不值得信任。）

9. **否定**（你错了。）

10. **受害者**（你对我们施加了伤害，是你不好。）

11. **自我正当化**（我是正确的，我没有错误。）

12. **威胁**（如果你做了 ××，就是你的错。）

13. **拒绝**（我讨厌你。）

14. **不感兴趣、无视**（我对你不感兴趣。）

15. **孤立化**（大家都讨厌你。）

双方交谈时，如果感到对方的话语里包含着上述的“意义”，人们就会感到不愉快。感到不愉快之后，有些人会情绪低落，有些人则伺机报复。

而且，上述的这些“意义”，大多数情况下并非听话者的“误解”，而是说话者有意为之（至少说话者有这方面的想法）。

那么，这些人说话时为何要包含这些负面的“意义”呢？这明明只会让对方讨厌自己。其原因是“他们有更优先想做的事情”。在本书正文中，也做过相关的解释。

这些优先想做的事情就是**“胜过对方”**，或者至少**“不输给对方”**。他们觉得“如果不胜过对方，自己似乎就毫无价值可言”。所以这是一种自我保护的行为，在受到对方威胁之前，抢先自我保护。

然而，胜过对方，也就意味着让对方失败；保护自己不受对方的威胁，也就代表着自己有可能威胁对方。这是不言自明的道理，但人们往往忽视了这些道理。

因此，虽然人们不想拒绝对方、贬低对方、伤害对方，但为了自我保护、为了强调自己的价值，最终的结果还是拒绝、贬低、伤害了对方。现实生活中的很多例子就是如此。

这便是我们与别人交流时很多小矛盾的真相。（当然，有些矛盾的产生另有原因。）

那么，人们为何如此执着于自我保护、强调自身的价值呢？这是因为如果不这么做，人们就会觉得对方不会接纳自己。

也就是说，自我强调“我是正确的，我没有错误”的后面，还有另一层愿望，那便是“请你接纳我”。

然而，对方倾听这个愿望的概率微乎其微。因为对方也在自我保护，强调自身的价值。

因此，“我这么努力，大家却不接纳我，我总是被大家误解”的悲剧，持续不断地上演着。

人与人的交流，每天都在我们身边发生，似乎是极其普通的事情。所以，我们往往会忽视它的重要性。然而，正是人与人交流中的小小误解，会扩大人与人之间的距离，产生厌恶的情绪。

有些时候这些会左右一个人的工作业绩，甚至会左右政局的走向、左右历史的变迁。更重要的是，这些将对我们每一个人的幸福感产生巨大的影响。甚至可以说，每天与人交流得是否幸福，就代表着整个人生是否幸福。

这是一本向您提出建议的朴实无华的书。希望本书可以助您获得与人交流的幸福，以及整个人生的幸福。